Part 2
松本の城下町を歩く

Part 3 信州松本の文化探訪

凡例

- **年号**……和暦（元号）と西暦を併記したが、改元の年は原則として改元後の元号を記し、改元前の出来事については改元前と後の元号を併記した。南北朝時代は南朝と北朝の元号を併記した。
- **漢字**……漢字は原則として新字体を採用した（一部の固有名詞は、例外的に旧字体や異体字を採用した）。
- **写真・図版出典**……原則として写真・図版のそばに出典を記載した。編集部で撮影した写真や作図、所蔵図版と、著作権保護期間の満了し所蔵者が特定できない写真・図版は、出典記載を省略した。このほかＰＩＸＴＡ、フォトライブラリーからの提供写真がある。３Ｄ地形図は『カシミール３Ｄ』を使用して作成した。
- カバー・帯に掲載の図は『享保十三年秋改松本城下絵図』（松本市教育委員会蔵）、『松本城見取図』（松本市教育委員会蔵）。
- 記載内容・データは、原則として２０２４年２月現在とした。

はじめに

自然地形を巧みに利用した城

松本市教育委員会　文化財課城郭整備担当課長　竹内靖長

松本の発展を支えた「湧水」と「街道」

山々に囲まれ、自然豊かな扇状地に築かれた松本城は、その地形をうまく利用している城です。そのなかでもとくに重要となるのが湧水です。松本城の三重の堀のおもな水源となっています。また、付近を流れている川も堀として活用しています。たとえば、現在も松本市街地の中心を流れる女鳥羽《めとば》川は、堀としての役目も果たしていました。

水が城の防御策としても活用されるいっぽう、城下町では水を使った商業が栄えていきました。江戸時代前半頃、湧水を使ってつくられる松本の酒が有名になり、江戸にも出荷していたほどの巨大産業だったといいます。

また、松本城下の職業をまとめた資料によると、松本城下で最も多い職業は豆腐屋でした。これは湧水が豊かであることが大きな理由です。湧水が豊かだということが、城づくりや城下町のその後の発展に大きな影響を与えたといえます。

主要な街道が周辺に集まっている点も、松本が発展を遂げた理由の1つでした。城下町の中を善光寺街道、野麦街道が通る松本は、交通網の中心となり、人や物が集まったおかげで、信濃国《しなののくに》（現在の長野県）随一の経済都市へと発展していきます。さらに、信濃国で発達した中馬《ちゅうま》という馬を使った陸上運輸手段により、広域的な商品の取引が盛んになっていきました。

そして経済が栄えると、独自の文化も育まれ、しだいに教育熱も上がっていきました。松本は、日本のほかの城下町とくらべても寺子屋の数が多く、明治時代の開智《かいち》学校の設立にもつながったとされています。

緻密につくられた町は松本城防衛の要

城や城下町の基本は、防衛対策です。先ほど述べた河川もその対策として活用していましたが、そのほかにも、強固な防衛対策が見て取れます。

城下町から城までの道筋を絵図で見てみるとわかりますが、丁字路や鉤《かぎ》の手、食いちがいの道ばかりで、十字路はほとんどありません。これは、敵が攻めてきた際に、すんなり進行できないようになっています。これらは今も町に残っていますので、実際に歩くことで、当時の名残《なごり》を感じ取れます。

松本城の堀の役目も担った女鳥羽川

また、東側には寺社地を置き、守りを固めていました。このように町割りも、そこに置かれた武士や商人などにもきちんと役割がありました。そいった点から、かなり緻密に計算してつくられた城下町であることがわかります。石川氏の時代には、城だけでなく、城下町も多くの人が住むことができる近世型の町へとつくり変えたのです。

近年の発掘調査では、松本城がいかに堅固な守りであったかを裏づける、さらなる証拠が発掘されました。堀の調査を行うと、かなりの確率で鋭く尖った木の杭が出土します。これは堀沿いに並べて立てられ、侵入者への威嚇の役割が大きかったと考えられています。同じような杭が『大坂冬の陣図屏風』にも描かれており、今はなき往時の姿を想像することができます。

今の松本があるのは、地の利や歴史、文化といったさまざまな要因があります。それらを念頭に置いて、ご自分の目で確かめていただければと思います。

竹内靖長（たけうち・やすなが）

松本市教育委員会文化財課城郭整備担当課長。1990年、松本市役所に入所し、2021年より文化財課城郭整備担当課長として松本城の整備事業を実施。市内の遺跡、とくに松本城や城下町の近世の発掘調査を数多く担当。共著書に『松本城のすべて』（信濃毎日新聞社）などがある。

特別インタビュー

タレント 飯野美紗子

ラジオパーソナリティやリポーターなど幅広く活動する飯野美紗子さん。2022年に帰郷し、松本に根差した活動に積極的に参加している。『地元に貢献したい』という松本愛にあふれた飯野さんに、松本の魅力を語っていただいた。

すべてが『ちょうどいい』。過去と今が自然に融合する松本

プロフィール
1996年、長野県松本市出身。上京し、2016年に声優・歌手活動をスタートする。現在は活動拠点を長野県に移し、FM長野『翔べ！FRI-TAG!!』メインパーソナリティや、『MAGIC HOUR』の火曜パーソナリティを担当。そのほかイベントMCや声優業など幅広い分野で活動している。

松本市民の心の安寧　漆黒の守り神・松本城

――松本市民にとって、松本城とはどんな存在でしょうか。

飯野　松本城の存在は、私たち松本市民にとって、日常の一部であり、当たり前にあるものです。私は高校を卒業するまで松本に住んでいましたが、松本市民は本丸までは無料で入れるので、学校行事や家族でもよく行きました。

それこそ高校生の頃、体育のマラソンの授業で学校から松本城まで走って行って、お花見をしたこともあります。国宝の城がふだんの生活に当たり前に存在する……そんなシチュエーションがとても贅沢《ぜいたく》なことなんだと、大人になってから初めて気づきましたね。

――ご出身ならではの、松本城の見どころを教えてください。

飯野　城をあらゆる角度から見ていただきたいです。遠くから堀とあわせて見る松本城も絵になりますが、本丸に入ってから見る松本城は、圧がまったく違います。迫力や威厳が段違いで、戦いの場だったという緊張感がありますね。

天守の内部に入ると、今では考えられないほど急な階段があって、当時の人々がどのように暮らしていたのか想像したり、このスペースは何に使われたんだろうと考えたりすると、歴史を感じられます。

天守の窓から見る松本の景色もいいですね。季節によって表情を変えるので、その時々の松本を肌で感じられます。

「3ガク都」に象徴される松本らしさ

――松本ならでは、松本らしさというものを教えてください。

飯野　まず地形ですね。長野県の中でも山に囲まれた扇状地で、ほかの地方の盆地と比べても、山との距離が非常に近いのが松本ならではだと思います。

また地形でいうと、川に囲まれ、山からの湧水が豊かなところも松本ならではです。町中にたくさん井戸があって、湧水は飲料水として使うこともできます。井戸からくんだ水を生活に活用する光景が松本の日常です。

井戸の水でなくても、松本は水道水がとてもおいしいんです。子どもの頃から当たり前に飲んでいたお水だったので、「こんなにおいしいものだったんだ！」と、こちらも上京した際に痛感しました。

　あとは、松本市が力を入れている３つの「ガク都」も、松本らしさの１つです。３ガク都というのは、「岳都」「楽都」「学都」のことを指します。

　北アルプスなどの山岳観光都市としての岳都、「セイジ・オザワ松本フェスティバル」に代表される音楽の町・楽都、旧開智学校の開校などから教育を重んじる文化が息づく学都。どれも松本らしさとして育まれてきたものです。

　その中でも、私自身が合唱部だったということもあって、音楽が街にあふれている点が、松本らしさとして好きなポイントですね。松本の街に相応しく、とても誇らしい気持ちになります。

背後に写るのは松本市立博物館に常設される松本城下町の巨大ジオラマ。

昔の文化を大切にしつつ、つねにアップデートする町

――松本の１番の魅力は、ずばり何でしょうか。

飯野　すべてにおいて「ちょうどいい」というところです。古きよき街並みがあり、何よりお城があり、おいしい水や緑豊かな山々に囲まれ、

満足度の高い生活ができます。

　また、地域に根ざした文化に寄り添っているところも松本を誇らしく思う要因の1つです。昔から残る建物やお祭りなど、こんなものはもう古い・新しくしようという革新的な考えが勝つというよりは、昔から残るものに尊敬の念をもって大切にしていて、今の文化と融合させて発展させようとしています。自然に昔から今までがつながっていると感じられる町、それが松本であり、松本の1番の魅力です。


「松本市民の心の中や生活するマインドにはつねに松本城があるのかもしれません」


　そのすべては、長い歴史をもつ松本城が身近にあってこそ実現できたことであると思っています。松本には城がある、その安心感から新しいものを取り入れようとする心の余裕が生まれるので、改めてその存在の偉大さを実感しています。

——そんな松本の町でも、昔と今で大きく変わったところはありますか。

飯野　先ほどもお話ししましたが、私は高校を卒業するまでは松本に住んでいて、大学に進学する際に上京しましたが、お仕事でこちらに来るようになった頃には、町は様変わりしていましたね。たとえば、昔は若い人は大きな商業施設や古くからある居酒屋に行って楽しんで、子どもたちは公園で自然にふれて遊んでいるというイメージでした。

　しかし今は、都会的な新しさのあるカフェが増えています。でも、まったく新しいものと入れ替わるのではなくて、昔の建物やその空気感・雰囲気を残しているところが、やはり松本らしいなと感じています。

——松本の城下町でおすすめの場所はありますか。

飯野　私のお気に入りは、縄手《なわて》通りです。映画『ｏｒａｎｇｅ　オレンジ』や『神様のカルテ』など、有名な作品の舞台にもなっています。

　縄手通りから四柱《よはしら》神社にお参りし、その後、通りで食べ歩きするのは定番のコースではないでしょうか。街並み自体は懐かしい雰囲気ですが、立ち並ぶ飲食店は今どきのお店も増えてきています。

——通りの入口にあるカエルの像は

目を引きますね。

飯野　そうなんです。縄手通りのシンボルなんですよ。私はカエルが好きなので。いつもテンションが上がります（笑）。

松本市民全体が参加し盛り上げる文化

――松本は町全体で文化を大切にしている印象がありますね。

飯野　たしかに文化的なことは盛んですね。私も子どもの頃からいろいろ参加してきました。

　たとえば松本城では、雪国の気候と城の広いスペースを利用した「国宝松本城氷彫フェスティバル」という氷のお祭りや、プロジェクションマッピングなど、松本城をただ見るだけでなく、現代の文化を巻き込んだような催しが積極的に行われています。観光客も年々増えていますので、町おこしの一環としても、これからもこうした文化が栄えていってほしいですね。

「『古きよき』を大事にするけど、こだわりすぎない。柔軟ですね、松本は」

――松本といえば、飴も有名ではないですか。

飯野　そうですね。毎年1月に行われる「松本あめ市」は、幼少期から毎年楽しみにしているイベントです。日本各地のさまざまな飴が並んでいて、松本市民にとっては、年に1度の一大イベントといっても過言ではありません。開催時期が時期なので、空気感がどことなくおめでたく、あたたかい雰囲気があります。水飴を自分でたぐって好きなだけ食べられたり、そこでしか食べられない飴があったりするので、子どもから大人まで楽しめます。

　また、夏に行われる「松本ぼんぼん」というお祭りには、松本の人たちみんなが気合いを入れて挑んでいますね。松本の城下町を盆踊りを踊りながら練り歩くお祭りなのですが、小学校生活最後の思い出づくりにと、6年生の参加が多いです。私も小学生のときにクラスのみんなで出たんですが、あの夏のことは今でも覚えていて、出てよかったなと懐かしんでいます。ちなみに松本

の人なら誰でも松本ぼんぼんを踊れるんじゃないですかね。慣れ親しんだお祭りなので(笑)。

――お酒がお好きだとうかがいました。

飯野　やはり松本は水がおいしいので、松本でつくられたお酒は格別です。北アルプスの天然水を仕込み水とする松本の「大信州」というお酒が一番好きです。松本城の西側には、昔ながらの酒屋さんがたくさんありますので、ぜひ足を運んでみてください。

あと、お酒でいうと、松本は今クラフトビールづくりがすごく盛んになっています。タップルーム（醸造所直営のビアパブ）などビール好きが集まる場所も増えています。

――お酒以外の食文化で、おすすめはありますか。

飯野　食文化でしたら、信州蕎麦《そば》が有名ですね。あとは馬刺しもあります。個人的に好きなのは、鶏肉をニンニクに漬け込んで揚げた、山賊焼きです。大きな唐揚げという感じですが、かなりボリューミーで、1人では食べきれない人もいるかもしれませんね(笑)。

山賊焼き

松本城周辺地図
国道143号線
信州大学附属松本中学校
橋倉家住宅
妙光寺跡
天白神社
安原十王堂跡
木下尚江出生の地
宝栄寺
賢忠寺跡
高橋家住宅
岡宮神社
旧開智学校
小里頼永邸跡
鳩山春子生誕地跡
紙漉川
大安楽寺
女鳥羽川
長称寺
松本神社
林昌寺
東総堀
JR大糸線・篠ノ井線
大門沢川
松本城
松本市役所東庁舎
恵光院
松本市役所本庁舎
藩校「崇教館」跡
鯛萬の井戸
北松本駅
大名町通り
東町通り
正行寺
餌差町十王堂
女鳥羽の泉
松本市立博物館
鎮神社
千歳橋
鈴木伊織の墓(伊織霊水)
中町通り
地蔵堂
大手門枡形跡広場
牛つなぎ石
源智の井戸
本町通り
松本駅
田川
極楽寺
深志神社
まつもと市民芸術館
緑橋(旧袖留橋)
松本電鉄上高地線
西松本駅
JR篠ノ井線
国道143号線
十王堂跡
国道19号線
栄橋
薄川
500m
200m
井川城跡

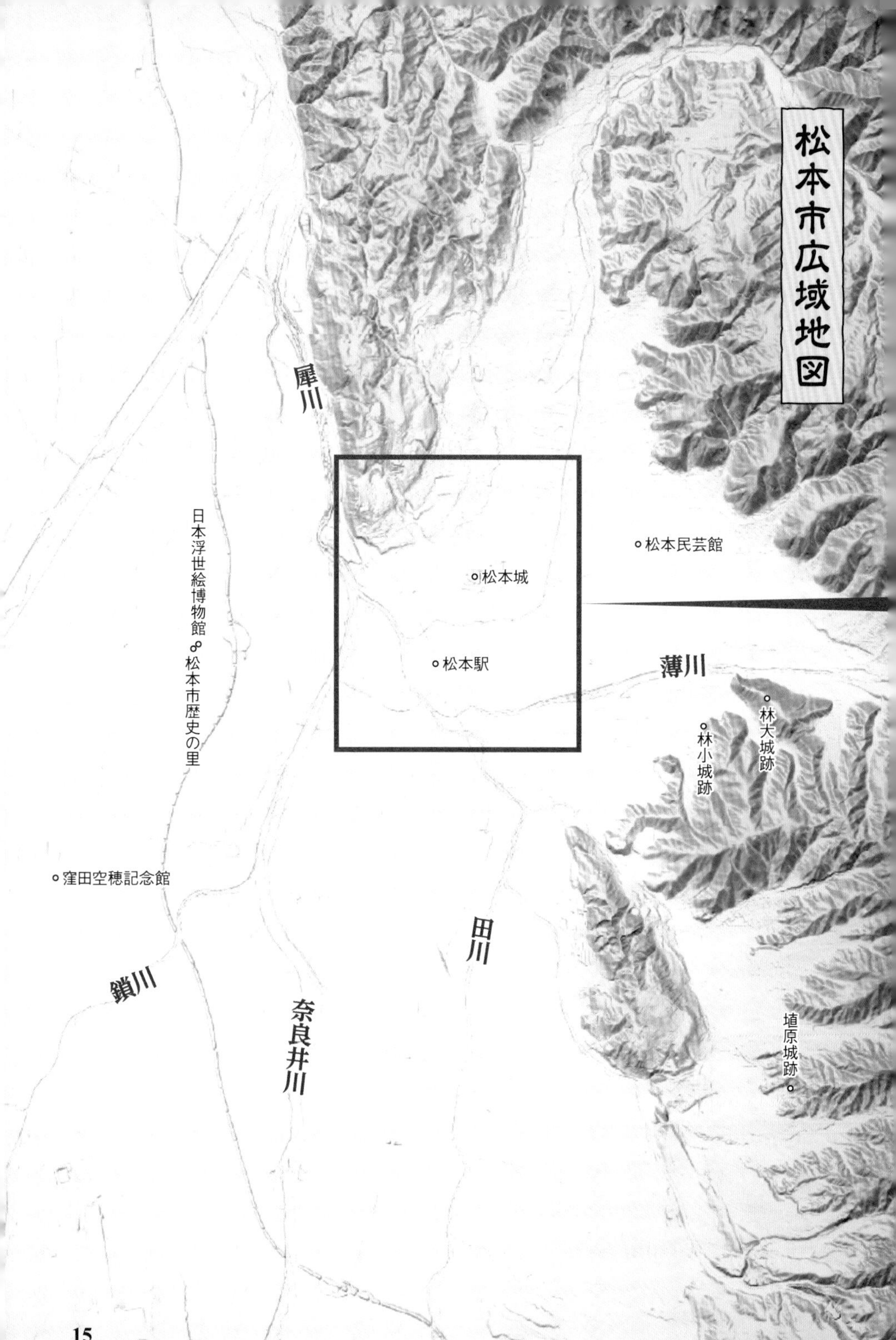
松本市広域地図
犀川
松本民芸館
松本城
日本浮世絵博物館
松本市歴史の里
松本駅
薄川
林大城跡
林小城跡
窪田空穂記念館
田川
鎖川
奈良井川
埴原城跡

図説
松本城ものがたり

はじまりは戦国の府中 平地に築かれた支城

武田氏の拠点となった深志城

山岳に囲まれ、河川によってつくられた複合扇状地にある松本平《まつもとだいら》は、信濃国《しなののくに》（現在の長野県）の中央部にあたり、かつて国府が置かれたため「府中《ふちゅう》」と呼ばれていました。この地を治めていた信濃守護の小笠原氏は、15世紀の終わり頃、筑摩《ちくま》山地の一角に林《はやし》城という山城を築いたとされます。

松本平を望む林城周辺には小笠原一族の家臣による支城が多数築かれました。松本城の前身である深志《ふかし》城もその1つです。のちの時代の松本城主・水野忠幹《ただもと》がまとめさせた『信府統記《しんぷとうき》』には、永正元年（1504）、島立右近《しまだちうこん》がこの地に深志城を移し築いたと記されています。

若宮八幡《わかみやはちまん》跡地　二の丸北西部に位置し、深志城を築城した島立右近を守り神としてまつったものといわれている。

天文19年（1550）、小笠原長時《ながとき》は武田晴信《はるのぶ》（信玄）に攻められ、林城を放棄して撤退します。信濃府中を手に入れた武田氏は、平地にある深志城を拠点と位置づけ、天正10年（1582）、織田信長によって滅ぼされるまで在城しました。その間に城の大幅な改修を行ったとされています。

旧領を回復した小笠原氏が松本城と改称

織田信長は、武田氏との戦で功績を挙げた木曽義昌《きそよしまさ》に深志城を与えますが、直後に本能寺の変で自害し果てました。この混乱を好機と見た小笠原長時の三男・貞慶《さだよし》は、旧臣や徳川家康の支援を受けて小笠原の旧領回復を果たします。深志城を奪還し、その名を松本城と改めた貞慶は、城郭や城下町の基礎をつくりました。

天正18年（1590）、小田原攻めで北条氏を滅ぼした豊臣秀吉は、徳川家康を関東に封じます。このとき、小笠原氏も古河《こが》（現在の茨城県古河市）に移ることとなりました。その後、城主として松本城の建築に着手したのは、石川数正《かずまさ》でした。石川氏以降、松本城の主はたびたび変わり、明治を迎えるまでに6家を数えました。

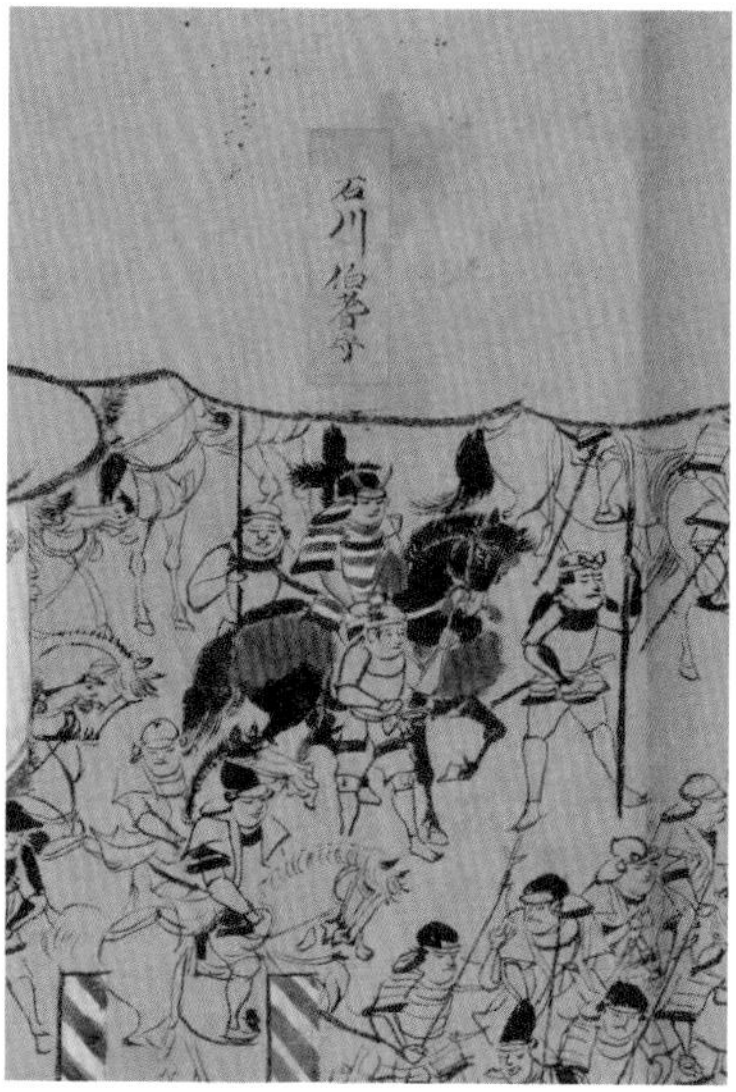

『長篠合戦図屏風』（下絵、部分） 石川伯耆守康昌（数正）が描かれた部分を抜粋。（国立文化財機構所蔵品総合検索システム提供）

戦国末期に石川氏2代が天守を築く

石川数正は、もともと徳川家康の側近でしたが、天正13年（1585）に突然秀吉のもとへ出奔し、家臣となった武将です。小田原攻めでの手柄を認められ、松本に入封した数正は、二の丸に古山寺御殿《こさんじごてん》（のちに古山地御殿）を建築し、城郭の整備や城下町の拡充を進めました。

文禄元年（1592）、秀吉による朝鮮出兵のさなかに数正が亡くなったのちには、息子の康長《やすなが》が城普請を継ぎ、天守や門の建築、総堀や石垣の整備などを行ったと『信府統記』に記されています。また、康長は曲輪《くるわ》内外の武家屋敷や枝町《えだまち》などの建設にも取り組み、近世城郭としての基礎を固めました。

石川氏2代が築いたとされる大天守・乾小天守《いぬいこてんしゅ》・

松本城天守群　戦国期につくられた大天守、乾小天守、渡櫓と、江戸期につくられた月見櫓、辰巳附櫓の5棟からなる連結複合式天守は松本城にのみ見られる特徴。

渡櫓《わたりやぐら》には、敵襲を迎え撃つために設けられた数多の狭間《さま》や石落としなど、戦への備えが随所に見られます。このことからも、秀吉政権下における松本城は、関東にいる家康の動向を見張るうえでの要だったと考えられています。

秀吉亡きあと、慶長5年（1600）の関ケ原の戦いで、石川康長は徳川方に与《くみ》し、所領を安堵されました。しかし慶長18年（1613）、大久保長安と婚姻関係にあったことから、大久保長安事件（長安の死後不正蓄財が判明）に連座して改易となり、豊後藩の預かりとされました。

寛永通宝松本銭　松本のほか、一部の藩でのみ鋳造が許された。（松本市立博物館蔵）

徳川ゆかりの大名らが城と城下町の整備進める

5棟の建築に映る時代の変遷

次に城へ入ったのは、先に松本を治めた小笠原貞慶の嫡子・秀政《ひでまさ》です。家康の孫娘を妻とした秀政は、枝町（116ページ）の建設など城下町の整備に力を注ぎました。慶長20年／元和元年（1615）、長男・忠脩《ただなが》とともに大坂夏の陣で戦死したのちには、次男の忠政《ただまさ》が跡を継ぎます。

元和3年（1617）から、小笠原氏に代わって、戸田（松平《まつだいら》）康長《やすなが》が松本に入ります。家康の養妹・松姫を妻とし、松平姓を許された譜代《ふだい》大名でもある康長は、北部に武家住宅地を広げたり、城下町の建設を進めました。また、領内における支配の仕組みも整えます。

寛永10年（1633）に城主となった松平直政《なおまさ》は、家康の孫にあたり、徳川家とは近い血縁にありました。

当時の松本は7万石の小藩でしたが、城内外の整備に取り組んだほか、寛永《かんえい》通宝《つうほう》を鋳造するなど、幕府から特別な許しを得て、大きな事業も行いました。

この時代の世相は、直政が増築した月見櫓と辰巳附櫓《たつみつけやぐら》に反映されています。3代将軍家光を迎え入れるために築いたとされるこれらの建物は、目立った武備をもたず、戦国末期に実戦を意識してつくられた大天守などとは対

戸田（松平）康長像　（東京大学史料編纂所蔵）

照的な趣です。朱色の廻縁《まわりえん》がめぐる月見櫓は、三方に舞良戸《まいらど》を備え、それを外すと周辺を見渡すことができ、景観を楽しめる空間となっています。天守の完成から約40年を経て、江戸幕府が治める泰平の世が到来していた様子が表れています。木曽路の落石などにより、将軍家光が松本を訪れることはありませんでしたが、辰巳附櫓と月見櫓の増築により、今に伝わる松本城天守群のバランスの取れた美しい姿が整いました。

直政ののち、寛永15年（１６３８）からは、将軍家光の寵臣《ちょうしん》である老中の堀田正盛《ほったまさもり》が約４年にわたり封じられました。歴代の松本城主には、徳川家と深い関わりのある大名が多いことも特筆される点です。

水野氏の時代に城下町が完成

寛永19年（１６４２）、家康の生母の実家筋である水野忠清《ただきよ》が松本に入ります。その後、約83年間続いた水野氏の治世に、城下町の整備は完了したとされています。三の丸や城外の北部を中心に置かれた武家地、城下を南北に通る善光寺街道沿いには町人地が広がりました。さらにその外側には寺社が配置され、現在に続く城下町の姿がつくられました。

跡を継いだ忠職《ただもと》は、慶安２年（１６４９）から約４年がかりで領内の一斉検地を行い、明治維新後までの松本の土地台帳の基本となる検地帳をつくりました。忠直《ただなお》の頃からは財政難に悩まされ、貞享３年（１６８６）、年貢の増徴への反発から、領民による一揆《いっき》が起こります。この「貞享騒動（加助《かすけ》騒動）」には、領内の２７４か村の農民が参加し、28人が処刑されるなど多くの犠牲が生じました。

既述の『信府統記』の編纂《へんさん》は、享保３年（１７１８）に城主となった水野忠幹《ただもと》が命じたもので、次代の忠恒《ただつね》のときに完成しました。忠幹は藩政の改善に取り組むも25歳で早逝し、弟の忠恒が跡を継ぎました。しかし、忠恒が享保10年（１７２５）に江戸城内で刃傷事件を起こしたため、水野氏は改易されます。この事件ののち、松本城は一時、松代藩預り（幕府直轄）となりました。

火事や凶作で藩の財政難が続く

享保11年（１７２６）、かつての城主・戸田康長から5代後の光慈《みつちか》が入封し、以降は幕末まで戸田氏が松本を治めました。光慈が松本に入った翌年には、本丸御殿が失火で全焼します。本丸御殿は藩主の居住や政治の場として用いられていましたが、財政難のため再建はされず、代わりに二の丸御殿を用いたとされています。

江戸時代の松本城下では、そののちにも3度の大火が発生しました。なかでも安永5年（1776）に城下町南部で起きた「綿屋の火事」では、城郭にも火の粉が移り、三の丸、二の丸の一部を焼いています。これを受けて、主要な町では道幅の拡張が行われ、被害を防ぐ工夫もなされました。

寛政5年（1793）、戸田光行《みつゆき》は柳町から地蔵《じぞう》清水《しみず》にまたがる範囲（現在の松本市役所本庁舎周辺）にあった戸田氏の別邸を修繕し、すでに設けられていた「新町学問所」を移設し、藩校「崇教館《そうきょうかん》」とします。松本藩の発展を目指し、藩士とその子弟への教育が行われました。教育者・作詞家の浅井洌《あさいれつ》、実業家の小松《こまつ》彰《あきら》、文部官僚の辻新次《つじしんじ》など明治維新後の教育界・政財界を担った人材を多く輩出しました。

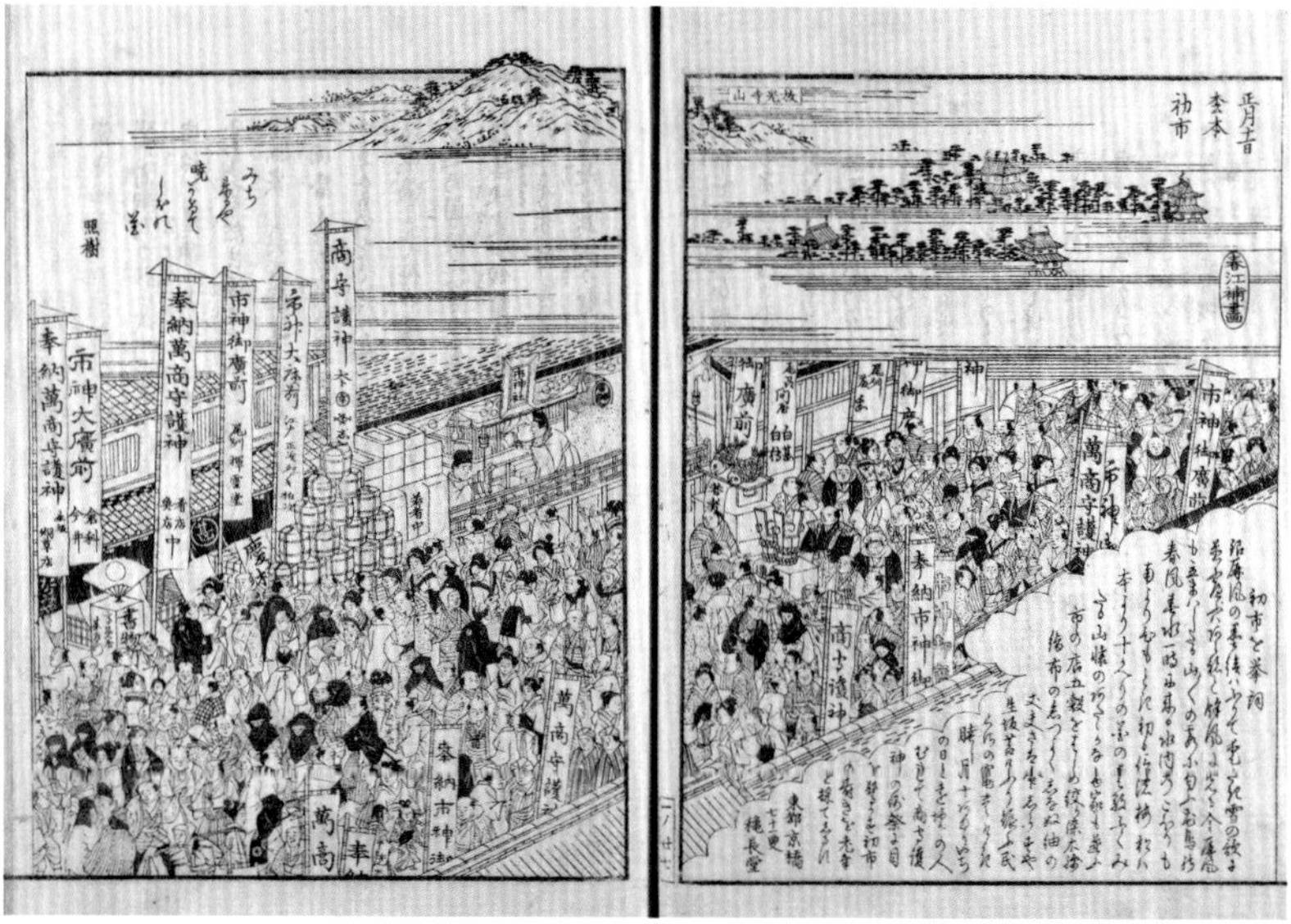

『善光寺道名所図会　巻之一』　天保14年（1843）に豊田利光が、善光寺街道を経て善光寺、さらに北国往還を江戸に向かった道中で、名所旧跡を記録したもの。嘉永2年（1849）刊。上の絵はその一場面で、松本城下の初市を描いたもの。（県立長野図書館蔵）

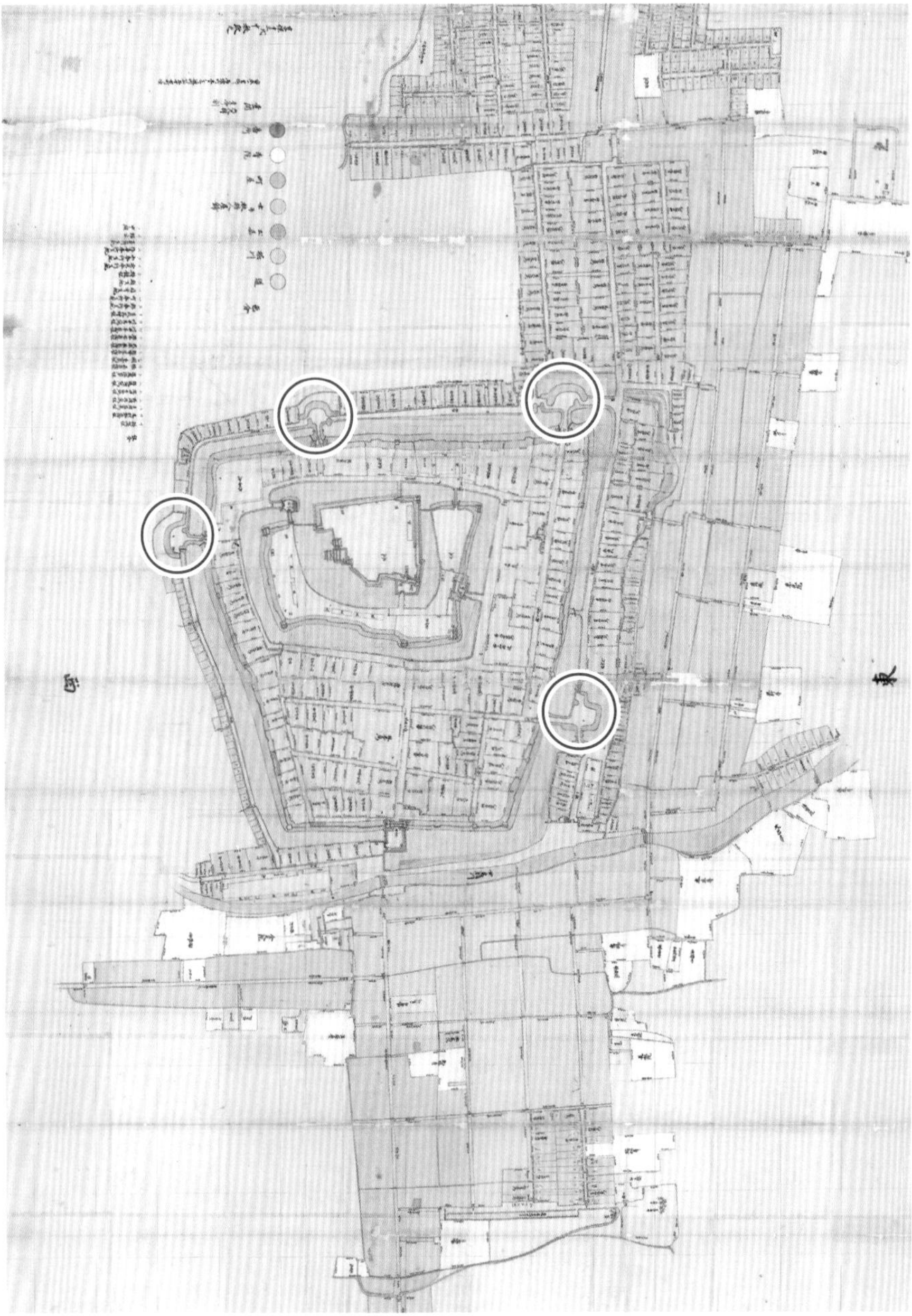

『**享保十三年秋改松本城下絵図**』　戸田光慈の代に制作された絵図で、城下町全体が精密に描かれている。三の丸の出入口（赤丸箇所）に、半円形の馬出《うまだし》が描かれている。（松本市教育委員会蔵）

戸田光年《みつつら》が城主だった文政8年（1825）には、戸田光慈の松本入封から100年目の祝い事が催されました。一方、同年には大凶作を発端に「赤蓑《あかみの》騒動」と呼ばれる大規模な世直し一揆も発生し、商家など80軒あまりが打ち壊されました。その後も天保3年（1832）から約5年にわたり、領内では大飢饉《ききん》が続きました。戸田光庸《みつつね》の在任中は天保の改革に合わせ、松本藩も財政の立て直しを迫られます。

幕末維新の動乱を経て松本城は市民のシンボルに

幕府から新政府へ、進む近代化

明治維新の動乱のさなかに、松本城の最後の城主となったのは、弘化2年（1845）に家督を継いだ戸田光則《みつひさ》でした。開国の圧力が高まる中、慶応3年（1867）の大政奉還、王政復古ののちにも、徳川家と強い結びつきのある松本藩は幕府の命に従いました。

しかし翌年1月、戊辰戦争の初戦となった鳥羽・伏見の戦いを経て倒幕への動きはますます強まり、藩内でも意見は対立します。大会議による議論の末、新政府軍に属することを決めた光則は、北越戦争に出兵しました。ここから、松本の近代化は加速します。

明治2年（1869）、光則は信濃国の藩の中でも先陣を切って版籍奉還を行いました。松本藩知事となった光則は、新政府の方針に沿い、明治3年（1870）にいわゆる廃仏毀釈を行います。寺院破却や仏教

戸田光則肖像画（松本市教育委員会蔵）

弾圧への動きは全国でも有数の激しさだったとされ、城下町の寺院は一時衰退の危機にさらされました。また、同年8月には城郭内の通行が自由化されました。

市川量造・小林有也らが守った天守

明治4年（１８７１）の廃藩置県により松本県（のちに筑摩《ちくま》県）が置かれ、戸田氏は東京へ移ります。城主不在となった松本城は兵部省《ひょうぶしょう》の管轄となり、同年暮れには櫓やおもな門から取り壊しが始まったといわれています。天守など城郭建造物も競売にかけられ、破却の危機に迫られます。

明治6年（１８７３）に出されたいわゆる廃城令（太政官達）によって、信濃国で唯一残存する城となり、陸軍省の管轄とされました。ほぼ同じ時期に、松本城下出身の民権運動家・市川量造《りょうぞう》らが、庶民の啓発を目的として、本丸と天守を使った博覧会開催を建言していました。これがかない、同年から明治9年（１８７６）まで、5回にわたって博覧会が開催されました。この収益で天守を買い戻したといわれています。

以降の松本城は、役割を変えながら、松本周辺に暮らす人々の生活に関わっていきます。明治13年（１８８０）に有志が立ち上げた松本農事協会は、本丸広場などを借り入れて、果樹や野菜の試作場として利用しました。また、明治18年（１８８５）には、長野県中学校松本支校（のちの松本中学校）の校舎が二の丸の古山地御殿跡に建設されます。さらに校庭や校舎が増改築され、昭和10年（１９３５）に移転するまで校地として活用されました。

明治36年（１９０３）からは11年がかりで、老朽化の進んだ天守の大修理が行われました。当時の松本中学校校長・小林有也《うなり》を中心とする松本天守閣保存会は、倒壊を防ぎ堅固にすることを優先したため、天井や壁面に筋違いを入れて補強しました。その後、昭和5年（１９３０）に本丸と二の丸が国の史跡に、昭和11年（１９３６）には天守群5棟が国宝に指定されました。

第二次世界大戦が終結した頃、明治の大修理以来、修理の手が入れられてこなかった天守は痛みがひどくなり、再び倒壊の危機を迎えました。粘り強い運動の末、城郭建築としては初めての解体復元工事が行われることになりました。昭和25〜30年（１９５０〜55）

筑摩県博覧会錦絵　明治6年（1873）に松本城内で開催された博覧会の様子が描かれている。（松本市立博物館蔵）

明治の大修理（天守南西から）　明治40年（1907）10月撮影。（松本市教育委員会提供）

にかけて天守群の工事が行われ、併せて周囲の整備も進められました。昭和30年（1955）に解体復元工事が竣工するとともに、内堀の一部復元、黒門石垣の復元も完成しました。続けて昭和35年（1960）に、黒門一の門が再建されるなど、整備が進められました。昭和60年（1985）には、発掘調査の完了した二の丸御殿跡が史跡公園となりました。

平成2年（1990）に黒門枡形が、平成11年（1999）には太鼓門が復元されました。現在、南・西外堀の復元事業が進められています。

一度は失われかけた松本城は、在りし日の姿を取り戻しつつあります。戦国から江戸、近現代へと、400年以上の時を刻んできた天守が堀の水面に映るさまは、今も多くの人々を楽しませています。

発展を支えた交通網

複数の脇街道によって松本は四通八達の地に

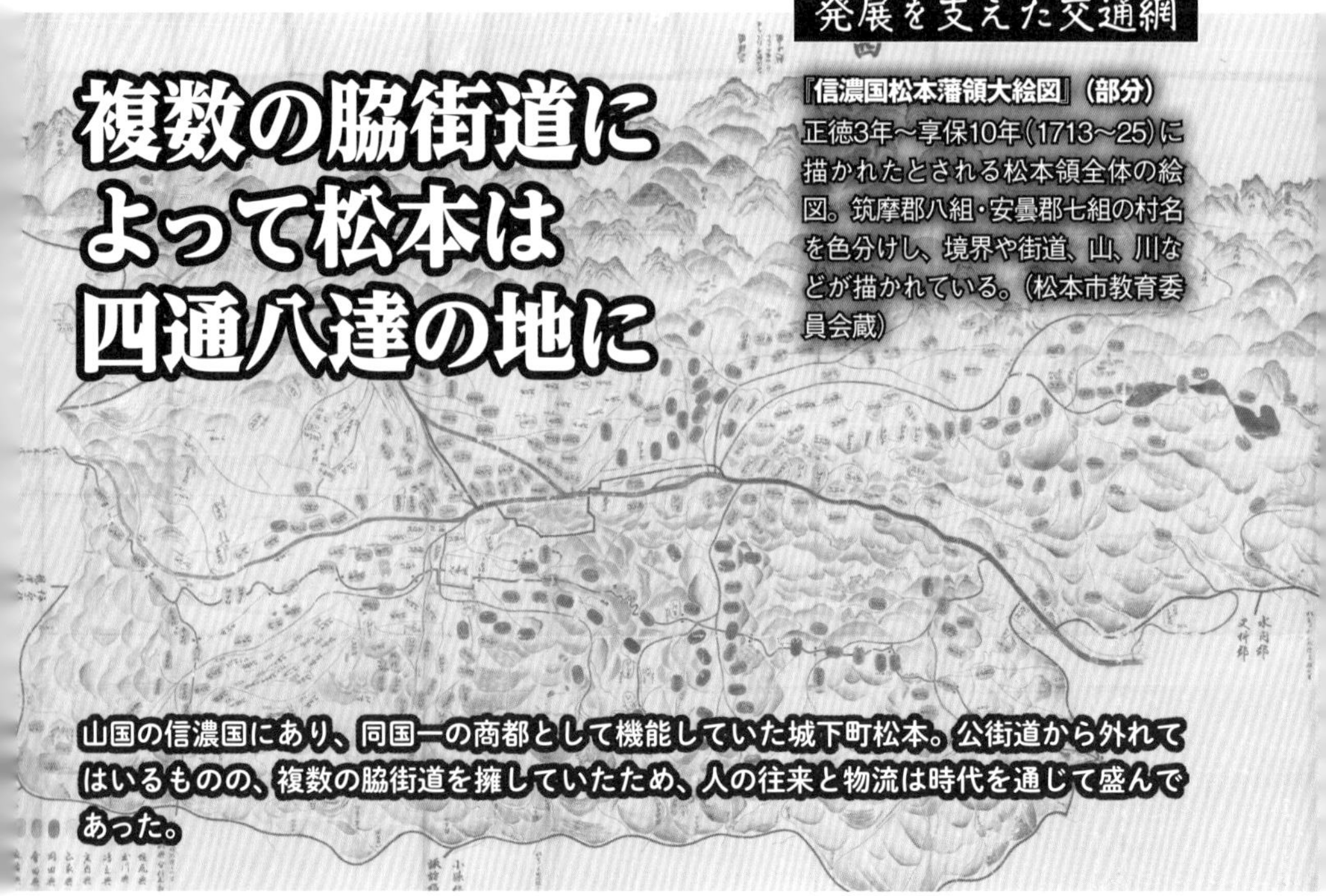

『信濃国松本藩領大絵図』（部分）
正徳3年～享保10年（1713～25）に描かれたとされる松本領全体の絵図。筑摩郡八組・安曇郡七組の村名を色分けし、境界や街道、山、川などが描かれている。（松本市教育委員会蔵）

山国の信濃国にあり、同国一の商都として機能していた城下町松本。公街道から外れてはいるものの、複数の脇街道を擁していたため、人の往来と物流は時代を通じて盛んであった。

中山道から分岐して善光寺に至る道が松本平と善光寺平をつなぐ

信濃国は山岳地帯が多い地形ながら、江戸時代中期以降は経済的発展を遂げました。とくに松本は同国の一大経済拠点として栄えており、嘉永2年（1849）に刊行された『善光寺道名所図会』には、信州で最も物資と人の出入りが活発な「商都」として表現されるほどでした。この経済的繁栄の下支えとなったのが、発達した交通網です。

信濃国内では江戸時代に入ると、五街道のうちの1つで、江戸と京坂地域を結ぶ中山道《なかせんどう》や、その脇街道で、北陸と江戸を結ぶ北国《ほっこく》街道などが整備されるようになり、それらから分岐するさらに細かい脇街道も多数開かれました。藩政時代から現在に至るまで、松本の市街地中心部を南北に貫く「善光寺街道」も、そうした脇街道の1つです。

善光寺街道は、中山道の洗馬《せば》宿で枝分かれし、各宿を通って篠ノ井追分で東信地域を通る北国街道に合流し善光寺に至ります。「善光寺西街道」「北国西街道」

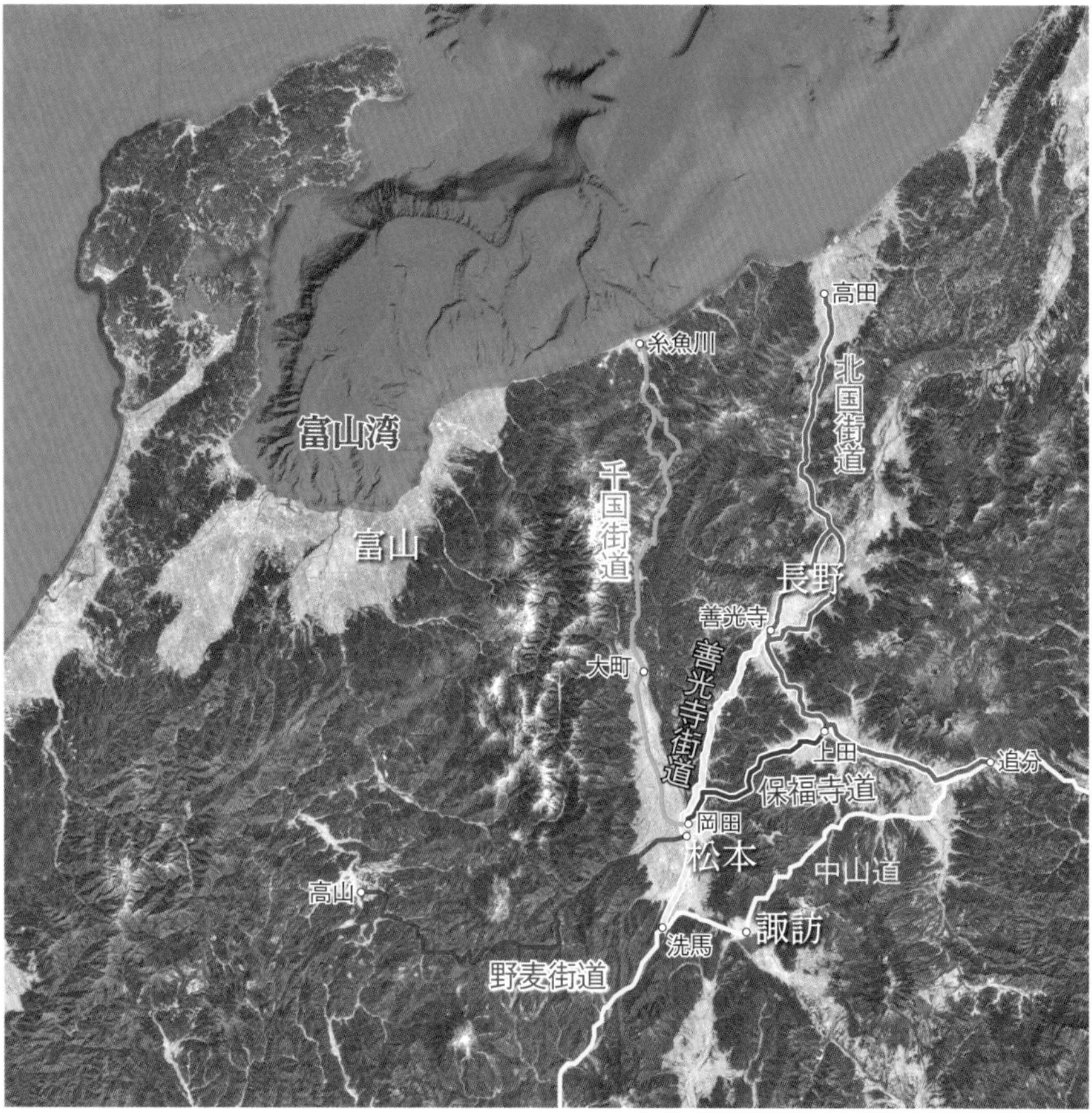

松本周辺の街道

とも呼びますが、「北国西脇往還《ほっこくにしわきおうかん》」が正式名称です。

北国西脇往還の誕生は、慶長19年（1614）に遡ります。松本藩の要請により、木曽の桜沢から牛首峠、小野宿を経て、三沢（現在の岡谷市）に至る初期の道筋が、木曽から洗馬宿・塩尻宿・塩尻峠を経て、岡谷に入る経路に改められました。その際、古くから善光寺信仰の道として存在していたこの経路が、中山道と北国街道をつなぐ重要な道となりました。脇街道であるため、参勤交代などの大規模な通行はないものの、幕府の公用で通る大名や旗本の通行はしばしばあったといいます。

起伏に富んだ北国西脇往還は往来が困難で、かつ善光寺に至るまでは最低3泊が必要でした。それでも善光寺信仰の道、松本平と善光寺平を結ぶ物流の道として機能し、人と物の行き来は絶えることなく、宿場の旅籠《はたご》や茶屋は道行く人々でにぎわいました。

糸魚川と松本を結ぶ物流主体の「千国街道」

北国脇往還以外では「千国街道」「野麦街道」「保福《ほふく》寺《じ》道」が主要脇街道として機能していました。このうち千国街道とは松本と越後国糸魚川（現在の新潟県糸魚川市）を結ぶ道です。道筋の千国宿（現在の北安曇郡小谷村千国）に松本藩の番所があったため、この名称で呼ばれることが多いのですが、「糸魚川街道」「大町街道」「松本街道」「仁科《にしな》街道」とも呼ばれます。戦国時代に越後の上杉謙信が塩不足に悩む信濃国の民のために塩を送ったとの故事が語られることから、「塩の道」と呼ぶこともあります。起点は年代によって移動していますが、近世末期には松本城大手門前を起点とし、西へ向かって新橋に至り、成相新田《なりあいしんでん》、穂高、池田、大町と北上していきました。

この街道は、おもに牛による運搬運輸が盛んだった道です。糸魚川方面から松本へは北陸産の塩や海産物、大町近辺で生産された麻や煙草、安曇平の米など生活必需品のほか、漆器・陶磁器など、日本海海運で北陸にもたらされた各地の特産品が運ばれる一方、松本から糸魚川方面へは木綿、綿、煙草《たばこ》、紙、油粕、大豆、麻、木炭などが送られ、信濃国と北陸を結ぶ道として使われました。

現在も残る千国街道の遺構　長野県大町市と北安曇郡白馬村の境に位置する佐野坂峠には、千国街道の風情が今も色濃く残る。かつては荷物を背にくくりつけた牛が、人足の手にひかれて行き交った。

飛騨高山からは海産物、松本からは酒や米類が行き交った「野麦街道」

野麦街道は標高1672メートルの野麦峠を越えて、飛騨高山《ひだたかやま》へと至る約85キロの道です。江戸時代には松本を起点とし、伊勢町から西へと向かっています。江戸時代、北陸産の海産物はこの野麦街道を経て松本平にもたらされました。とくに能登半島沖でとれた寒ブリが大量に運ばれたこともあり、「ブリの道」とも呼ばれます。

一方、松本から飛騨側へは酒や米類が運ばれています。なお、飛騨高山方面の居住者は、この道を通って善光寺参詣に向かうため、飛騨側ではこの道を「善光寺道」と呼んでいました。野麦街道は明治以後、飛騨の娘たちが糸引き工女として、松本・岡谷・諏訪の製糸工場へ赴く出稼ぎの道としても使われていました。

松本藩主が参勤交代に際して使用し、宿馬も新設された「保福寺道」

保福寺道は、善光寺街道の岡田宿から枝分かれし、標高１３４５メートルの保福寺峠を越えて、東信地域を通る北国街道に至る約33キロの道です。松本藩ではこの道を参勤交代の道として位置づけ、文禄５年／慶長元年（１５９６）に保福寺宿を新設し、宿場の東口に番所を設けて、人と物の出入りを管理しました。

これまで紹介した以外では、里山辺《さとやまべ》の湯ノ原から山道に入り、武石《たけし》峠を越えて長久保《ながくぼ》宿（中山道）か、海野宿（北国街道）に至る「武石《たけし》道」、薄《すすき》川に沿って入山辺に入り、扉《とびら》峠を越えて和田宿（中山道）に至る「扉峠道」、諏訪の高島藩領から塩尻まで北国脇往還と並行して走る「五千石《ごせんごく》街道」などがありました。また、「三才山《みさやま》越え」「地蔵峠越え」など、中山道に通じる道も複数存在しています。松本は公街道から外れてはいるものの、松本平の中心地ということもあって、陸上交通の拠点として重視され、複数の脇街道を擁する四通八達の地でした。

現在の保福寺宿の町並み 歴代の松本藩主はこの峠道を越えて参勤交代で江戸へ向かった。

Part 1
松本城を歩く

松本市役所展望台から見た松本城と市街地

松本城地図

松本城には町割りや堀がよく残っている。ここでは武家地として使われた三の丸を一周し、政庁や城主の私的空間として使われた二の丸を経て、本丸の現存天守を目指す。

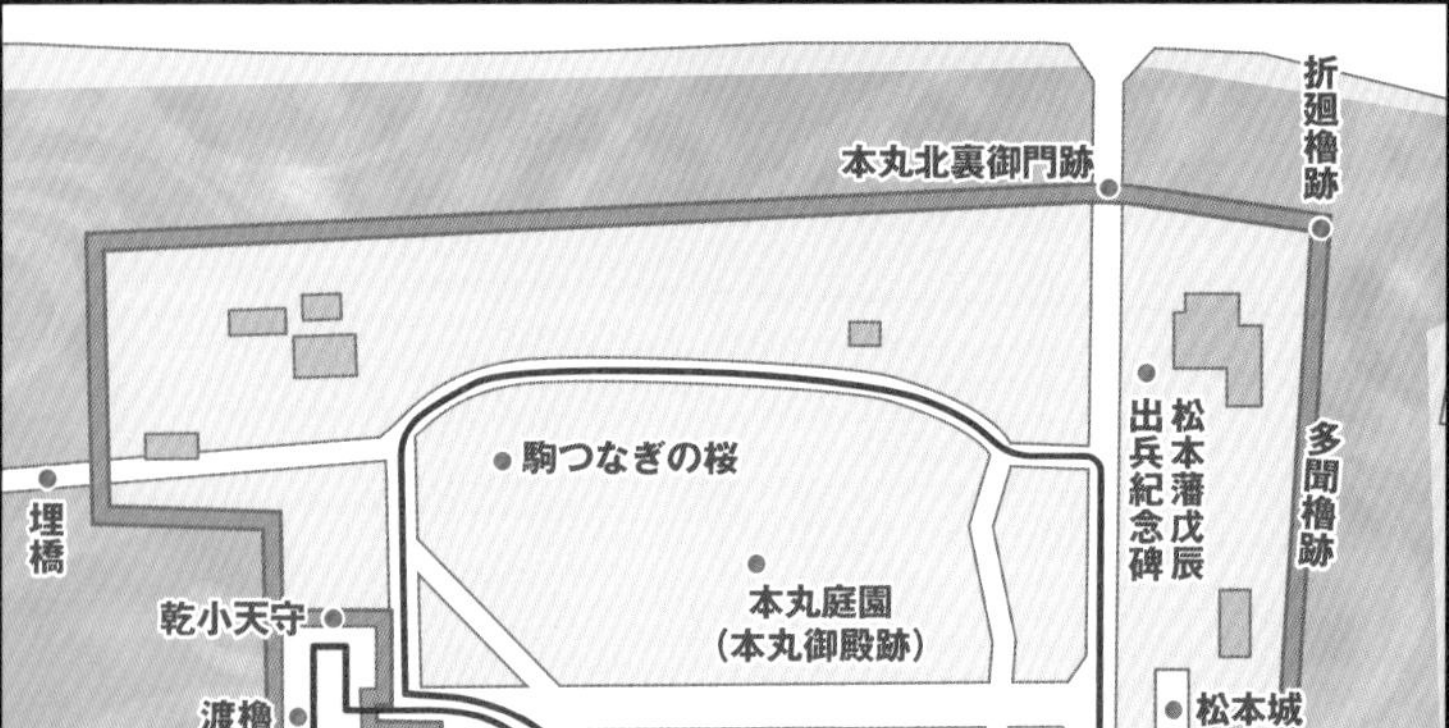

旧鷹匠町
浅井洌邸跡
旧北馬場
柳の井戸
松本城西交差点
長野地方
裁判所
松本支部
北総堀残存土塁
松本神社
葵の井戸
旧葵馬場
カトリック
松本教会
北西トイレ
地蔵清水
観光案内所
二の丸
裏御門橋
西不明門跡
若宮八幡跡
市役所北交差点
東北隅櫓跡
二の丸土蔵
（御金蔵）
埋橋
本丸
二の丸御殿跡
松本税務署
黒門
内堀
太鼓門
松本市役所
本庁舎
旧松本市立博物館
（古山地御殿跡）
外堀
大手2丁目交差点
松本城交差点
松本市役所
大手事務所
大名小路井戸
松本城
南交差点
西総堀
土塁公園
旧第一勧業銀行
松本支店
旧大手町
新井家の門
大名町通り
大手門枡形跡広場
松本市立博物館
辰巳の庭公園
N
四柱神社
千歳橋交差点
御幸橋
縄手通り
旧六九町
女鳥羽川
幸橋
千歳橋
START
100m
50m
本町通り

城内 1

町人地と武家地を分けた「大手門」周辺

千歳橋　現在の橋に架け替えられたのは昭和39年(1964)のこと。

大手橋跡地の「千歳橋」

ＪＲ「松本」駅からお城口側に出て、国道１４３号線を東にまっすぐ進むと、本町通りとの交差点に出ます。左折（北）し、しばらく歩くと正面に見えてくるのが「千歳《せんさい》橋」です。

現在は近代的なコンクリート製の橋となっている千歳橋ですが、江戸時代には松本城の正式な玄関口の大手門前に架かる木製の「大手橋」でした。庶民は許しがなければ三の丸に入ることはできず、町人地として栄えた本町から北に向かおうとする場合、善光寺街道を通っていました。通りの名でいうと、本町通りから中町通りを経て、東町通りという道順です。

大手橋は明治9年（１８７６）に取り壊され、大手門門台の石を再利用して石橋に架け替えられました。千歳橋という名がつけられたのもこのときで、東京の神田万世《まんせい》橋の規模にならったものだったので橋名もこれにならって千歳橋と改めたといわれています。

橋の下には「女鳥羽《めとば》川」が流れています。女鳥羽川は松本市の中央を北から南に流れ、松本城の南東側で

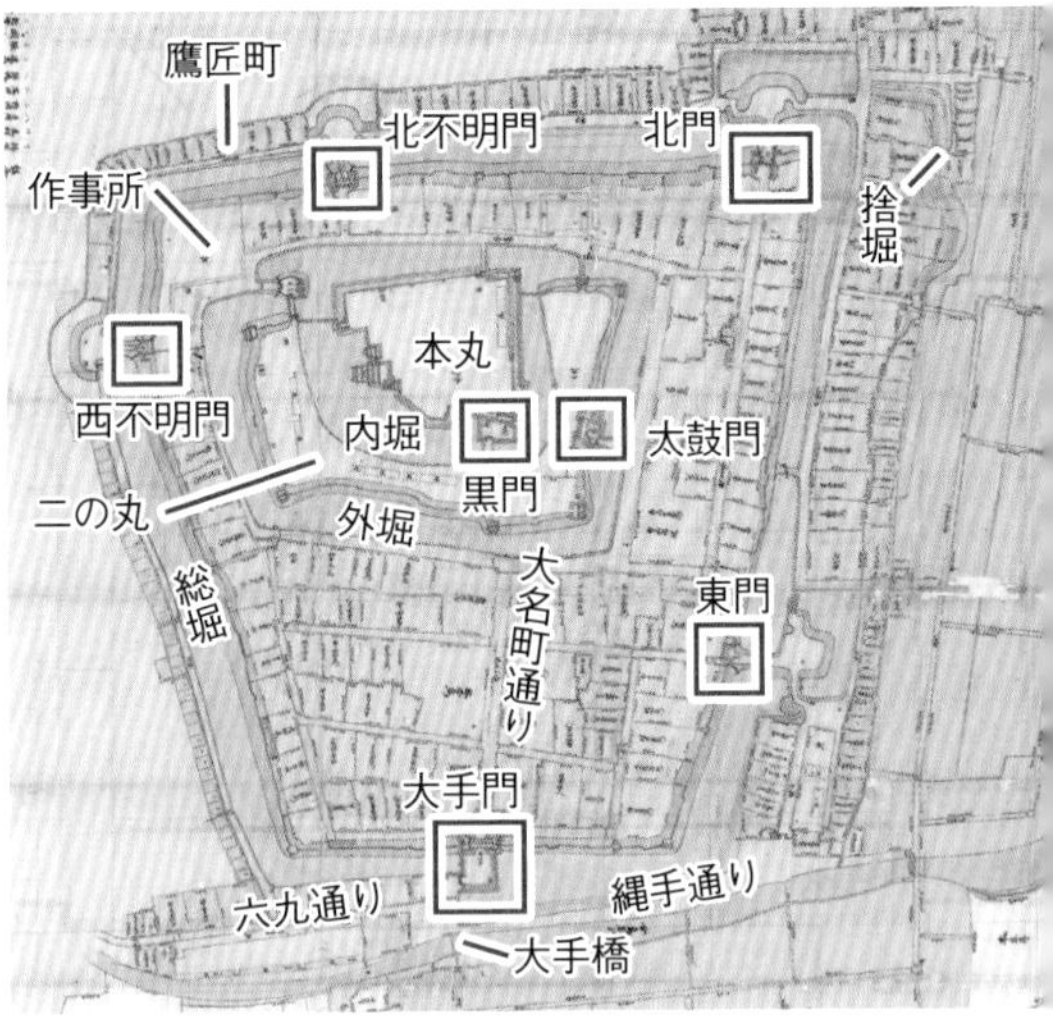

『享保十三年秋改松本城下絵図』（部分）
享保13年（1728）に改められた絵図で、城下町全体が精密に描かれている。三の丸部分を抜粋。（松本市教育委員会蔵）

流路を西に変え、田川に合流しています。かつては松本城の総堀をさらに囲む堀としても機能していました。

二重の堀に守られていた「大手門」

千歳橋の北詰で道がクランク状に曲がっていることがわかります。この道に沿って進むと、右手（東）に「松本城大手門枡形跡広場」があります。『享保十三年秋改《あきあらため》松本城下絵図』を見ると、この場所に三の丸と城下町を隔てる松本城の大手門（正門）があり、枡形を備えていたことがわかります。道がクランク状になっているのもこのためです。

大手門枡形跡広場周辺　千歳橋北詰の西側辺りから撮影した写真。

枡形とは、出入口に方形の空間をつくり、周辺を塀や櫓門《やぐらもん》で囲んだ、織豊期以降の城に共通して見られる防御構造です。敵が攻め込んできた場合、門を突破してもすぐに次の門があり、しかも四方から矢や銃弾が飛んでくるということになります。侵入するだけでも骨が折れる構造です。大手門は現存しないものの、広場は枡形の一部の形状をとどめています。

大手門枡形跡広場の東に、「四柱《よはしら》神社」の境内が広がっています。願い事、縁結びの神社として知られ、全国から参拝客を集める神社ですが、明治時代までこの場所は、松本城の総堀の一部でした。総堀で最初に埋め立てられたのがこの四柱神社の場所です。四柱神社は明治天皇の行幸に合わせて整えられたため、参道に架かる橋は「御幸《みゆき》橋」と呼ばれています。

ちなみに、四柱神社から見て北東に「辰巳《たつみ》の庭公園」という緑地帯があります。隠居した戸田光庸《みつつね》のために息子の戸田光則《みつひさ》が建てた辰巳御殿《たつみごてん》の跡の一部が保存されたものです。屋敷の東側には土塁が築かれ、外側には総堀がありました。この辺りが三の丸の東端だったわけです。

また、四柱神社のすぐ南を、「縄手《なわて》通り」が東西に延びています。入口に鎮座する巨大なカエルの像が目印です。縄手とは、縄のように長い土手という意味で、江戸時代には南北を女鳥羽川と総堀に囲まれた細長い土手の上の小道でした。

城内 2

総堀に囲まれた「三の丸」

有力武家の屋敷地「大名町」

大手門枡形跡広場を越えるとかつての「三の丸」に入ります。松本城の場合、総堀と外堀の間が三の丸と呼ばれていました。

本町通りから続く大通り沿いには、金融機関や公共機関などが立ち並んでいます。江戸時代には家老をはじめとした高禄の藩士たちの屋敷が置かれたため、一帯は「大名町」と呼ばれていました。現在、町名は大手になっていますが、大通りは「大名町通り」と呼ばれています。

大名町通りは大手門から二の丸・本丸に向けて一直線に延びています。ただ地図で見ると、天守に対して垂直よりやや斜めに傾いています。また、現在は大名町通りから本丸の入口である「黒門」に続く道がありますが、本来は外堀沿いに東側まで回って、「太鼓門」から「二の丸」に入り、さらに内堀沿いを迂回する必要がありました。見えているのになかなか天守に近づけない、攻めにくい構造となっています。

大名町通り　大手門枡形跡広場辺りから撮影。

藩政時代の官庁街「六九町」

ここでは大名町通りは進まず、先に三の丸の遺構や町割りなどを見ておきます。四柱神社前から西に目を向けると、大名町通りを挟んで細い道が延びていることがわかります。この通りを「六九《ろっく》通り」、通り沿いの街区を「六九町」と呼びました。千歳橋北詰には、六九町と刻まれた石柱も立てられています。六九とは、寛永10年（1633）に松平直政がこの場所につくらせた「六九馬屋《ろっくうまや》」に由来する名です。この六九馬屋は安永5年（1776）の綿屋火事により焼失します。

戸田氏が藩主だった享保12年（1727）に本丸御殿が焼失すると、それまで本丸御殿に置かれていた政庁機能は、二の丸御殿に移されました。しかし二の丸御殿は本丸御殿に比べて手狭だったため、機能の一部を旧六九通り沿いに移転し、藩の役所としました。町や村を治める「御郡所《ごぐんしょ》」や、藩の会計を引き受ける「表勘定所《おもてかんじょうしょ》」、幕府から預かった領地を治める「預《あずかり》所《しょ》」が置かれました。

その後、昭和には百貨店を中心にアーケード街として栄えました。現在はアーケードは外されましたが、昔ながらの商店街の風情を残す界隈となっています。

「江戸時代末の旧町名 六九町」の碑

旧六九通り

土塁の規模を伝える「西総堀土塁公園」

かつての六九通りを抜け、次の交差点を右折（北）します。しばらく歩くと、右手（東）に「西総堀土塁公園」が見えてきます。ここには三の丸を囲んでいた土塁の一部が復元整備されています。その外側に総堀がめぐっていました。つまり、ここまで歩いてきた南北に延びる道からこの土塁へりまでが、かつて総堀だ

西総堀土塁公園　平成21年（2009）度に調査および整備が行われ、現在は公園として開放されている。

ったということになります。

三の丸の土塁は、明治時代以降に堀を埋めるために使われたり、平らにされたりして、ほとんどが姿を消しました。この場所にはそのときに取り残された土塁が残っており、発掘調査を経て、今のように整備されました。高さは3・5メートルで、その上にさらに2・5メートルの塀が立てられていました。

また発掘調査では、土塁の西側から、先の尖った杭列が見つかっています。杭の多くはクリやマツなどの割材で先端の部分を焼き、硬くしてありました。城内に攻め込もうとする敵を阻止するために打ち込まれた可能性もあります。杭に関しては、詳しくは47ページで説明します。

現存する江戸時代の「新井家の門」

三の丸は基本的に武家地として使われ、大名町通りを中心に、比較的身分の高い家臣の屋敷が並んでいました。西総堀土塁公園から東に少し歩いたところ、大手3丁目付近の駐車場の一角に、くすんだ朱色の門があります。江戸時代につくられた「新井家の門」です。高さ約2・5メートルの腕木《うでぎ》門です。三の丸に武家屋敷は1軒も現存せず、建造物も限られています。

ちなみに、三の丸に立ち並んでいた武家屋敷のうち、最大の規模を誇ったのが大名町通りの西側に建っていた林《はやし》忠左《ちゅうざ》衛門《えもん》の屋敷です。新井家の門からさらに東に進むと、左手（北）に旧第一勧業銀行松本支店のビルが建っています。この辺りから松本市役所大手事務所の北側までが林家の屋敷でした。

林家の屋敷は『享保十三年秋改松本城下絵図』や『天保《てんぽう》六年松本城下絵図』にも記されています。最大の面積をもっていたのは前者の頃で、一時御家断絶となり、のちに復帰していて、復帰後の屋敷が後者の頃です。

新井家の門　腕木門という一般的な木戸の門の形式。朱塗りの理由は定かではない。

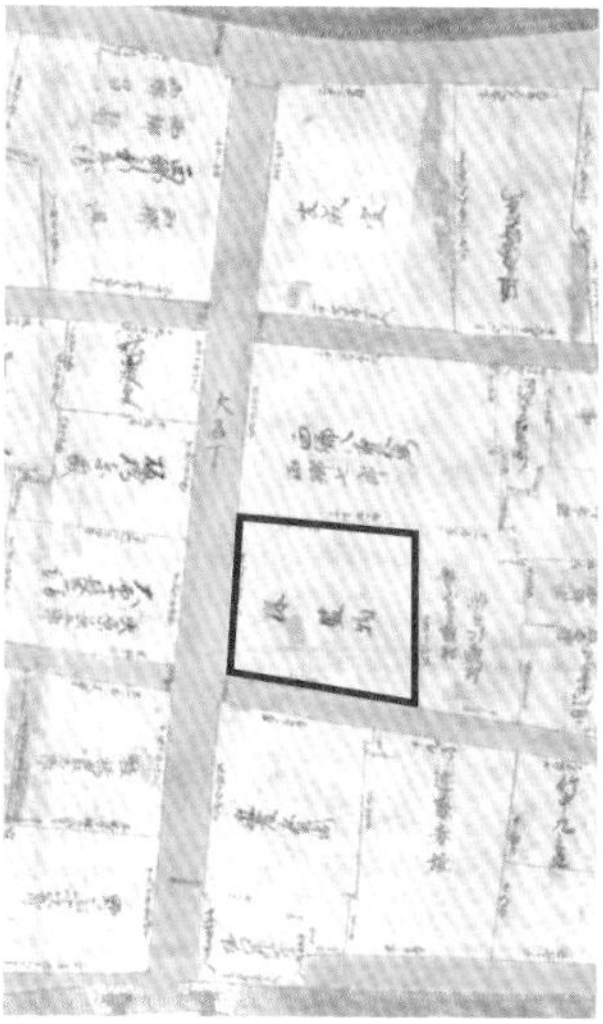

『天保六年松本城下絵図』（部分）
林家の屋敷付近を抜粋。再び林家が大名小路に屋敷を構えたことがわかる。（長野県立歴史博物館蔵）

三の丸最大の馬出しをもつ「東門」

大名町通りを北に進むと、「松本城南交差点」の北東角に、「大名小路井戸《だいみょうこうじいど》」と呼ばれる小さな井戸を見つけることができます。

大名小路井戸から東に進むと、かつては三の丸の東側の出入口である「東門」がありました。現在は「東門の井戸」が残されています。東門は高さ3間（約5・4メートル）、幅6間4尺（約12・1メートル）の規模をほこる櫓門で、東に土橋が延び、その先が馬出しとなっていました。

馬出しとは、城の虎口の外側に設けられた小さな曲輪《くるわ》のことで、敵兵の動きを制限し防衛に役立てると同時に、出陣の際に兵が集まる兵溜まりとしての役割をもっています。三の丸には5つの虎口がありましたが、うち4つは馬出しを備えていました。東門馬出しは三の丸の諸門の馬出しのうち、最大の規模です。現在は東門馬出しの碑が残されています。

また東門の馬出しの南に位置する上土《あげつち》通りには、牢獄が設置されていました。『享保十三年秋改松本城下絵図』では、現在の大手4丁目辺りに「獄」と示されています。

大名小路井戸

東門の井戸

城内 3

南側よりも土地の限られた三の丸北側

開くこともあった「西不明門」

大名小路井戸まで戻り、今度は北へ進みます。正面に松本城の二の丸に向かう道が続いていますが、この道は近代に入って通されたものです。すでに述べたとおり、東側の「太鼓門」から入るのが本来の登城道でした。ここでは三の丸の北側を見学しながら、太鼓門を目指します。

松本城交差点から西に進み、2つ目の信号で右折（北）すると、左手（西）に松本税務署があります。この松本税務署の北側辺りに「西不明門《にしあかずのもん》」とその馬出しがありました。

西不明門跡

西不明門は、高さ3間（約5・4メートル）、幅6間（約10・9メートル）の櫓門で、東門に比べると門自体の規模は若干小さなものでした。

不明門と呼ばれていますが、往時は者頭《ものがしら》（足軽大将のこと）の通達があれば、門扉を開けることができたそうです。逆に者頭の通達がなければ、城主であろうと通行を拒否したといいます。松本城への侵入に関して、警備の厳しさがうかがえます。

浅井洌を生んだ「鷹匠町」

税務署から北へ進むと、「松本城西交差点」にたどりつきます。『享保十三年秋改松本城下絵図』などと見比べると、西門があった位置から考えて、ここまで歩いてきた道は総堀のすぐ外側を走っていた（実際には道幅の半分ほどは堀を埋めた跡地）と考えられます。松本城西交差点から北へ直進する道は交差点を越えるとすぐに東に曲がっており、絵図の頃に総堀の外側を走っていた道の経路を継承しているようです。

松本城西交差点を右折（東）すると、道は緩やかな曲線を描いています。総堀を埋めたのち、もともと外堀に沿って通っていた道と、総堀外の道をつないだために生じた曲線と推定できます。

江戸時代、城の北側の総堀沿いは、内外ともに武家地になっていました。松本城西交差点から右折（東）してすぐの辺りには、城や城下町の普請に関わる役所である作事所がありました。

総堀の対岸が「鷹匠町《たかじょうまち》」です。鷹を飼い操る「鷹匠」が居住した場所です。鷹狩りは位の高い武士のたしなみとされ、松本の藩主もまた鷹狩りを愛好したため、多くの「鷹匠」を仕えさせていました。ちなみに、鷹匠町は県歌「信濃の国」の作詞者・浅井洌《あさいれつ》の生誕地でもあります。

戸田家ゆかりの「松本神社」

松本城西交差点から東に進むと松本城天守がはっきりとその姿を現します。天守を横目に外堀沿いに進むと、左手（北）に松本神社の鳥居が見えてきます。拝殿に掛けられている幔幕《まんまく》には、松平氏の紋として知られる葵《あおい》の御紋と、戸田家の、はなれ六つ星が並んでい

松本神社

ます。松本神社は、戸田松平家ゆかりの神社として、その名がつけられました。

『享保十三年秋改松本城下絵図』にも松本神社の前身である陽谷霊社の名が確認できますが、見比べると敷地が狭く、現在の松本神社の一部が城の土塁をけずって広げた土地ということがわかります。

この松本神社の西側にかつて「北不明門」が建っていました。南北の道をまたいで上げられた高さ3間（約5・4メートル）、幅6間（約10・9メートル）の櫓門で、西不明門と同規模です。ただ北門は馬出しも三の丸の中で最も小規模なものでした。西不明門とは異なり、ほとんど開けられることがありませんでした。基本的には番所も設けられなかったということです。

「北門」と周辺の馬場

松本神社の北西の交差点辺りが、北不明門の馬出しです。ここで右折（東）し、かつて総堀の外側を走っていた道を進みます。右手（南）に裁判所が見えてきます。この裁判所からカトリック松本教会の手前までは、かつて馬場として使われていました。馬場とは、乗馬の練習をするための場所です。松本の城下町には4つの馬場があり、この馬場は「北馬場《きたばば》」と呼ばれていました。

柳の井戸

さらに東に進んでいくと、駐車場の一角に、「柳の井戸」という湧水の井戸が整備されています。駐車場の南側の木々が茂っている小高い丘は、北総堀の残存土塁です。北総堀自体は昭和7〜8年（1932〜33）に中央部が埋め立てられ、市営プールになりました。のちに今のように駐車場となりました。なお、先述した浅井洌が晩年過ごした邸跡もこの近くにありました。

柳の井戸を越えて次の交差点まで歩を進めると、右側（南）が明らかに一段低くなっていて、底に井戸と遊具が見えます。水こそありませんが、総堀跡です。総堀沿いに歩くと、おそらく総堀を埋めた跡であろう高低差はしばしば見られますが、ここまではっきりとした高低差が残る場所は限られています。

北総堀跡付近に見られる高低差

浅井洌邸跡

下に見える井戸は「北門大井戸《きたもんおおいど》」と呼ばれており、そのことからも察せられますが、この辺りに北門がありました。公園の北側辺りが馬出しの跡地です。ただし、現在の井戸ができたのは明治以降に総堀が埋められた後のことです。江戸時代にも近くに井戸があった記録が残りますが、いったん埋められたのち、自然に湧き出してきたようです。

北門大井戸

柳の井戸まで戻り、駐車場西側の小道に入ります。総堀跡を越えた辺りは、やはり馬場として使われていました。戸田松本藩の祖である康長が、徳川家康から葵の御紋の使用を許されていたことにちなみ、馬場の土手にアオイを植えたことから、葵馬場《あおいのばば》の名がつけられたと伝わります。

城内 4

文武の道の学び場「崇教館」

深志城時代の町人地であった「地蔵清水」

外堀沿いの道を左折（東）し、「市役所北交差点」の北側、カトリック松本教会の前辺りに、「地蔵《じぞう》清水《しみず》」の碑が立っています。もともとこの場所は「市辻《いちのつじ》」と呼ばれていて、松本城が深志《ふかし》城と呼ばれていた時代には町家が並び、市がたつ界隈《かいわい》でした。今とは土地利用が大きく異なったわけですが、城下町の整備に着手したのが、天正10年（１５８２）に深志城を奪還した小笠原貞慶《さだよし》です。

地蔵清水　碑には地蔵尊出現霊水地と刻まれている。

貞慶は深志城を松本城と改め、天正13年（１５８５）に市辻などにあった町家を、女鳥羽川の南側に移しました。これがのちの本町（92ページ）です。この際、市辻に井戸を掘らせたところ、湧水とともに石の地蔵が現れたため、市辻は地蔵清水と呼ばれるようになったと伝わります。

崇教館跡の「明治天皇聖蹟の碑」

市役所北交差点からさらに東へ進み、「丸の内交差点」を右折（南）すると、両側に「松本市役所」の庁舎が並んでいます。右側（西）の本庁舎とその南の日本銀行松本支店の間辺りに、かつて藩校「崇教館《そうきょうかん》」がありました。現在その場所には「明治天皇聖蹟《めいじてんのうせいせき》の碑」が立てられています。碑の裏面には、明治13年（１８８０）、明治天皇がこの地にあった師範学校と中学校に行幸した、という旨が記されています。

崇教館は藩主戸田光行《みつゆき》が、藩士やその子弟が文武の道を学ぶ場としてつくらせたものです。寛政５年（１

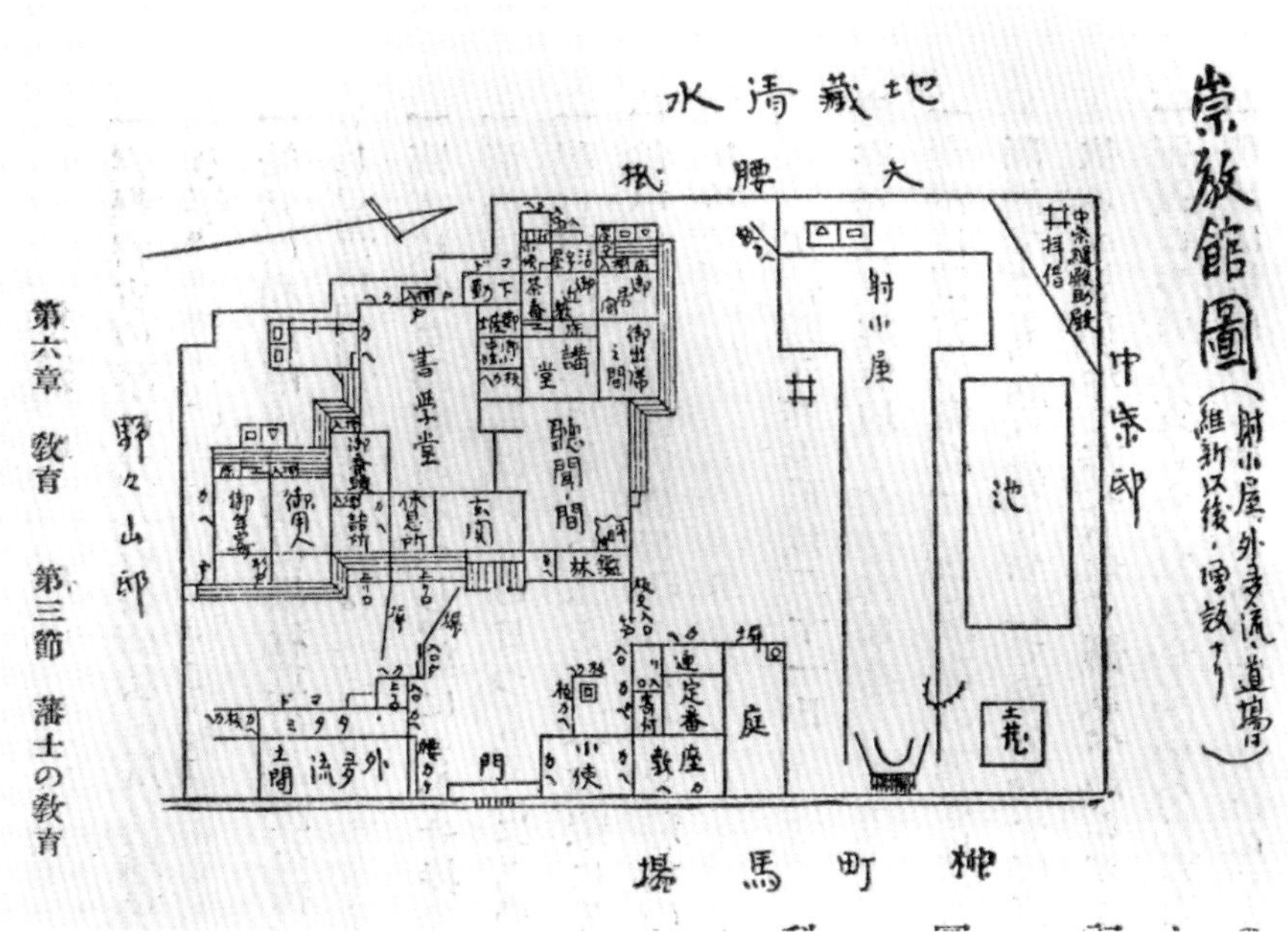

『崇教館の間取り図』　（『松本市史』昭和8年版より）

７９３）に開校しています。松本城下にはそれ以前から新町《しんまち》学問所がありましたが、戸田氏の別邸に修繕を加え、この場に移しました。

　講堂・書学院・聴聞ノ間を中心に、大小合わせて17の部屋がありました。ここでは漢学・筆道・弓術・剣術等の教科と、数学・槍術・兵馬・砲術・遊泳等の諸術を教えていました。生徒数は文政・天保期（１８１８〜44）には約60人でしたが、文久・元治期（１８６１〜65）には２６０人と大幅に増加、さらに明治３年（１８７０）以降は３００人余りとなりました。先述した浅井洌も崇教館で学んだ１人です。

　ちなみに松本市役所の本庁舎7階には、開庁時間内であれば無料で入場できる展望室があり、松本市内を一望できます。奥には飛騨山脈も見え、松本城の全景を間近で把握することができます。

明治天皇聖蹟の碑　写真は表面。

城内 5

唯一現存する「東総堀」

水量を調節する「水切土手」

市役所本庁舎と道を挟んで市役所東庁舎が建っています。この建物の南側には東総堀の土塁が残っています。築山として民家の庭の一部になったため、残されたようです。『享保十三年秋改松本城下絵図』では、武家屋敷の東側に記されています。

南に進み、街区を反時計回りに迂回して東総堀残存土塁の東側に進みます。ちょうど残存土塁の東側辺りに、「かき船」という和食店の浮かぶ堀がありますが、これは残された総堀の一部です。

南端は一見しただけでは護岸になっているように見えますが、これは「水切《みずきり》土手」という総堀の設備が残されたものです。松本城の城郭内は、北東と西南で約8メートルの高低差があり、水切土手は、堀の水量を調節する役割がありました。

このまま東総堀沿いに北に進んで左折（西）すると、43ページで述べた北門大井戸の辺りにたどりつきます。これでおおよそ総堀沿いに三の丸を一周したことになりますが、松本城の総堀の北東側には、「捨堀《すてぼり》」がありました。この堀は石川康長が普請に着手したといわれていますが、完成には至らず、途中で建造は取り止めとなりました。そのため、捨堀と呼ばれるようになりました。

土塁が各時代の絵図に描かれているため、その時々

東総堀　奥に見える丸の内ビルの場所には昔、武家屋敷が建っていた。

水切土手

の様子がわかります。捨堀の長さは最大時で140メートルほどでした。絵図に描かれた土塁の外側が堀でしたが、元禄年間（1688～1704）にはすでに埋められ、武家屋敷が4軒配置されていたことが確認できます。この辺りは「捨堀町」と呼ばれていました。土塁の東側に沿って細い水路が南北に延びているため、早い時期から埋め立てられていたと推定されています。ここでは訪れませんが、この堀の土塁が城東2丁目に2か所残されています。

4種の杭を使った「総堀乱杭列」

大部分が姿を消してしまった総堀ですが、ここまで見てきたように一部に名残が見られ、たびたび発掘調査も行われてきました。近年にもいくつかの発見がされています。

平成26年（2014）の調査では、西総堀の土塁裾辺りから297本の杭が発見されました。乱杭という敵の侵入に備えたものです。

松本城の乱杭は総堀全体に備えられていたと推定され、「総堀乱杭列《そうぼりらんぐいれつ》」と呼ばれます。西総堀で見つかった杭跡の密度から計算すると、全域で杭は9万9000本に及ぶと考えられています。

総堀乱杭列　発掘された乱杭。（松本市教育委員会提供）

松本城の乱杭列が特殊なのは、4種類の割杭が使われている点です。外側は丸太半裁《まるたはんさい》（截）（細く尖った杭）、内側は丸太材（太い杭）が中心で、その間にみかん割りと方形《ほうぎょう》割りが多く並んでいたようです。丸太半裁（截）は防御的な意味合いが強く、丸太材は土留めも兼ねていました。

また、平成28～31年（2016～19）の調査では、絵図にも記されている、堀の水量調節のための石組みと水路が見つかりました。

二の丸の正門「太鼓門」

時を知らせる「太鼓楼」

北門大井戸から南に進むと、丸の内交差点に戻ってきます。右折（西）し、市役所北交差点を左折（南）すると、外堀越しに松本城の「太鼓門」が見えてきます。三の丸から「二の丸」への正式な出入口で、間は土橋でつながれています。

この土橋ですが、途中から幅が少し狭くなっています。これは攻め込む敵兵を制限する仕掛けで、鵜首《うのくび》と呼ばれます。

太鼓門は櫓門形式の「一の門」と、高麗門《こうらいもん》形式の「二の門」から成る枡形門です。城側の門が一の門、土橋から続く門が二の門です。明治4年（1871）に取り壊されました。

復元が始まったのは昭和40年代のことです。昭和50年代まで繰り返し石垣の調査が行われ、一部が復元さ

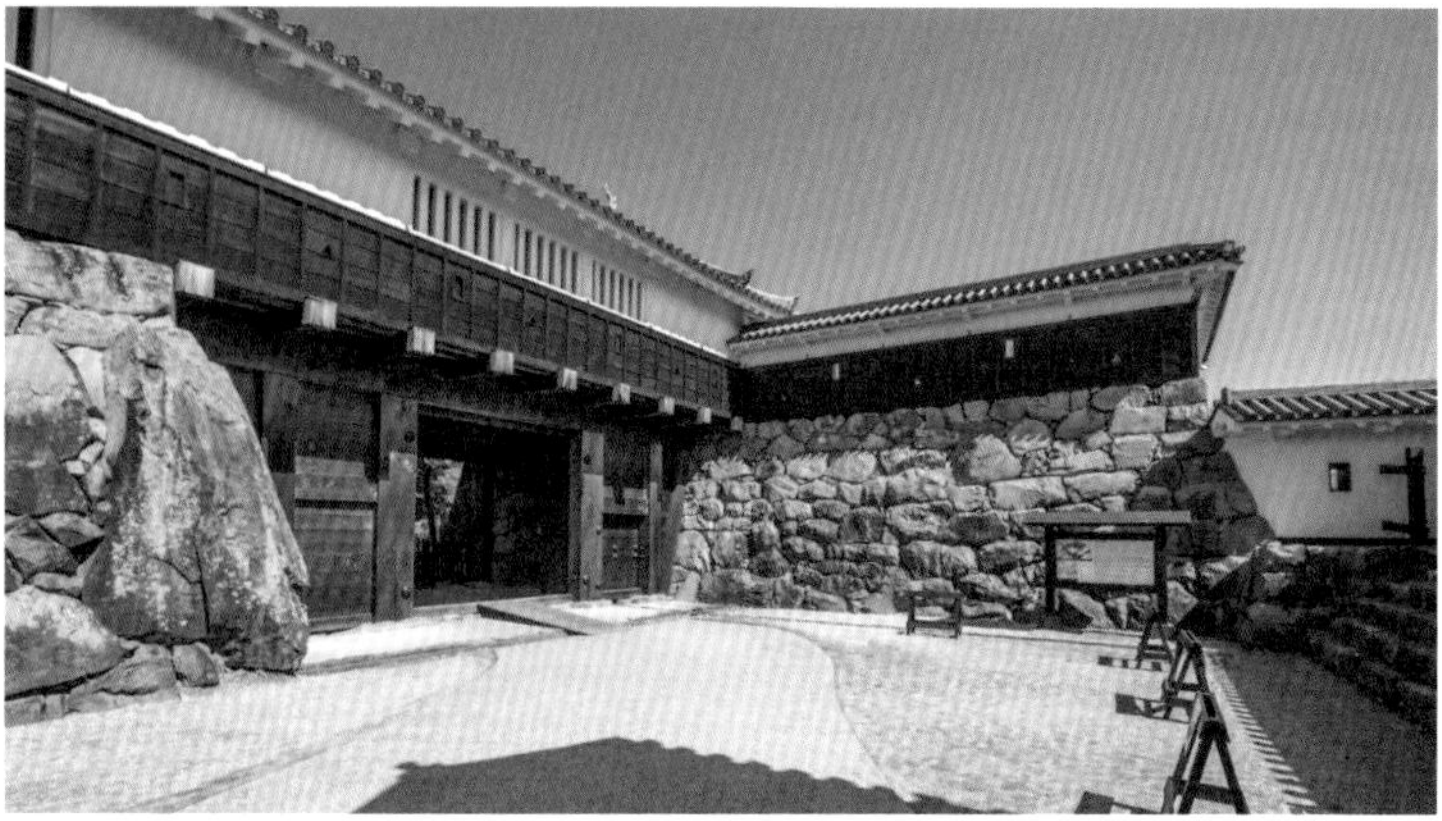

太鼓門（一の門） 枡形から撮影。正面に見える巨石が玄蕃石。

太鼓門（二の門）
土橋から撮影。

れました。平成2〜4年（1990〜92）には太鼓門と枡形の調査が行われ、本格的な石垣の復元事業が始まります。調査をもとに太鼓門と枡形の復元工事が始まったのは平成8年（1996）のことで、平成11年（1999）に完成しています。

櫓門が架かっている石垣の上、櫓門の北側に、時間や登城などを知らせる「太鼓楼《たいころう》」があったことからその名がつけられました。こちらは現在に至るまで復元されていません。

枡形内に立って周囲を見ると、至る所に矢狭間《やざま》や鉄砲狭間が設けられていることがわかります。狭間とは敵を監視したり、弓や銃で攻撃するための小窓です。二の門が健在なうちは、外堀沿いや土橋の敵兵に土塀の狭間から攻撃を加え、二の門が突破されたあとは、一の門を攻略しようと枡形で足止めされている敵兵に、周囲の狭間から攻撃を加えるという仕組みです。

土塀の狭間　手前の雁木から石垣に上る。狭間から狙える範囲はさほど広くない。

石川康長にちなんだ「玄蕃石」

太鼓門の枡形には、松本城の石垣でも最大級の石材である「玄蕃石《げんばいし》」が据えられていて、目を引きます。玄蕃石は、高さ約3・6メートル、重さ22・5トンほどの巨石です。この石は、石川数正《かずまさ》の長男である石川康長《やすなが》がみずから指揮して運ばせたという伝説があり、康長が玄蕃頭の官職であったことからこのように呼ばれるようになりました。

城の出入口付近の石垣に使われた巨石は鏡石《かがみいし》と呼ばれ、城主の権力を表していると考えられています。大坂城や名古屋城などのような権威の象徴としての意味が強い、近世城郭によく見られる仕掛けです。

『信州松本城之図』（部分）　太鼓門の起こし絵。正徳2年（1712）頃のもので、この絵に加え、発掘調査なども加味して太鼓門は復元された。（松本市教育委員会蔵）

城内 7

藩政の中核「二の丸御殿」

「松本裁判所」の跡地でもある

太鼓門を抜け、右手（北）に進みます。現在は史跡公園になっていますが、もともとは「二の丸御殿」が建っていました。敷地は約1900坪（6270平方メートル）、建坪は約600坪（1980平方メートル）で、部屋数は50部屋ほどでした。つくられた当初（伝承では文禄3年〈1594〉）は、本丸御殿の副政庁として据えられていましたが、享保12年（1727）に本丸御殿が焼失して以降は、幕末まで藩政の中心となっていました。

明治維新後も筑摩県庁として使われますが、明治9年（1876）に焼失、跡地には明治11年（1878）に、長野県と岐阜県を管轄する「松本裁判所」が新設されました。この後、裁判所は繰り返し組織改編が行われ、明治41年（1908）に同じ場所に長野地方裁判所松本支部がつくられます。この建物は昭和57年（1982）に松本市歴史の里に移築され、国の重要文化財に指定されています。

松本裁判所（明治11年建築）（松本市教育委員会提供）

現在二の丸御殿跡の入口付近には、「明治《めいじ》天皇《てんのう》駐《ちゅう》蹕《ひつ》遺《い》址《し》碑」が立っていますが、明治天皇が松本へ行幸した際に松本裁判所に立ち寄ったことを記念したものです。

平面復元されている跡地を歩く

二の丸御殿跡は、発掘調査で明らかとなった間取りをもとに平面復元されています。太鼓門側から歩いてくると、正面には玄関の文字があります。そこが正式な御殿の入口でした。玄関の左手に広間があり、その

二の丸御殿跡　南から撮影。手前に式台、奥に玄関と示されている。式台とは土間の床までに高さがあるときに据えられる板敷き。

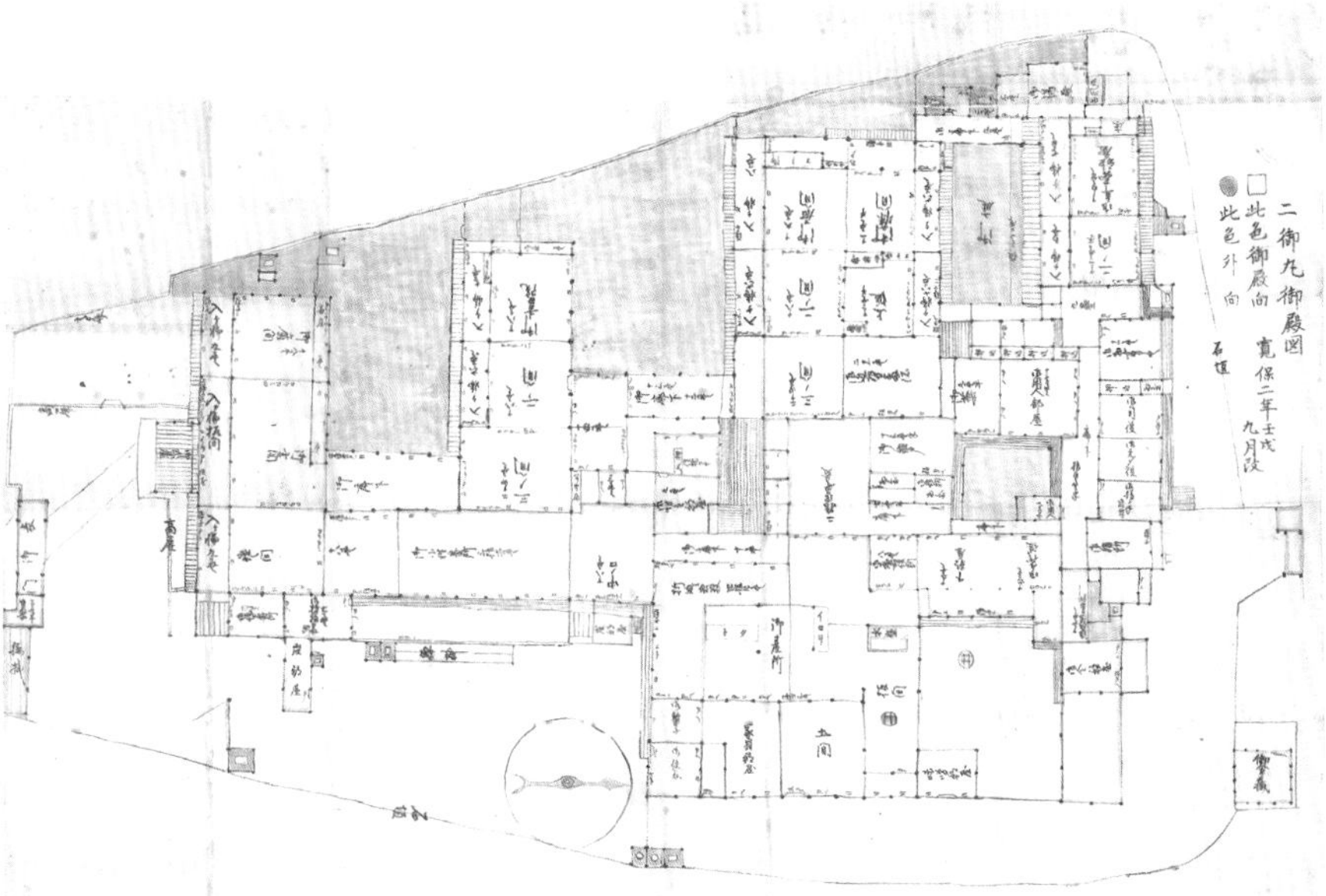

『**二の丸御殿図**』　寛保2年（1742）にまとめられた図。外向（公の場）と御殿向（私的な場）で色分けされている。（松本市教育委員会蔵）

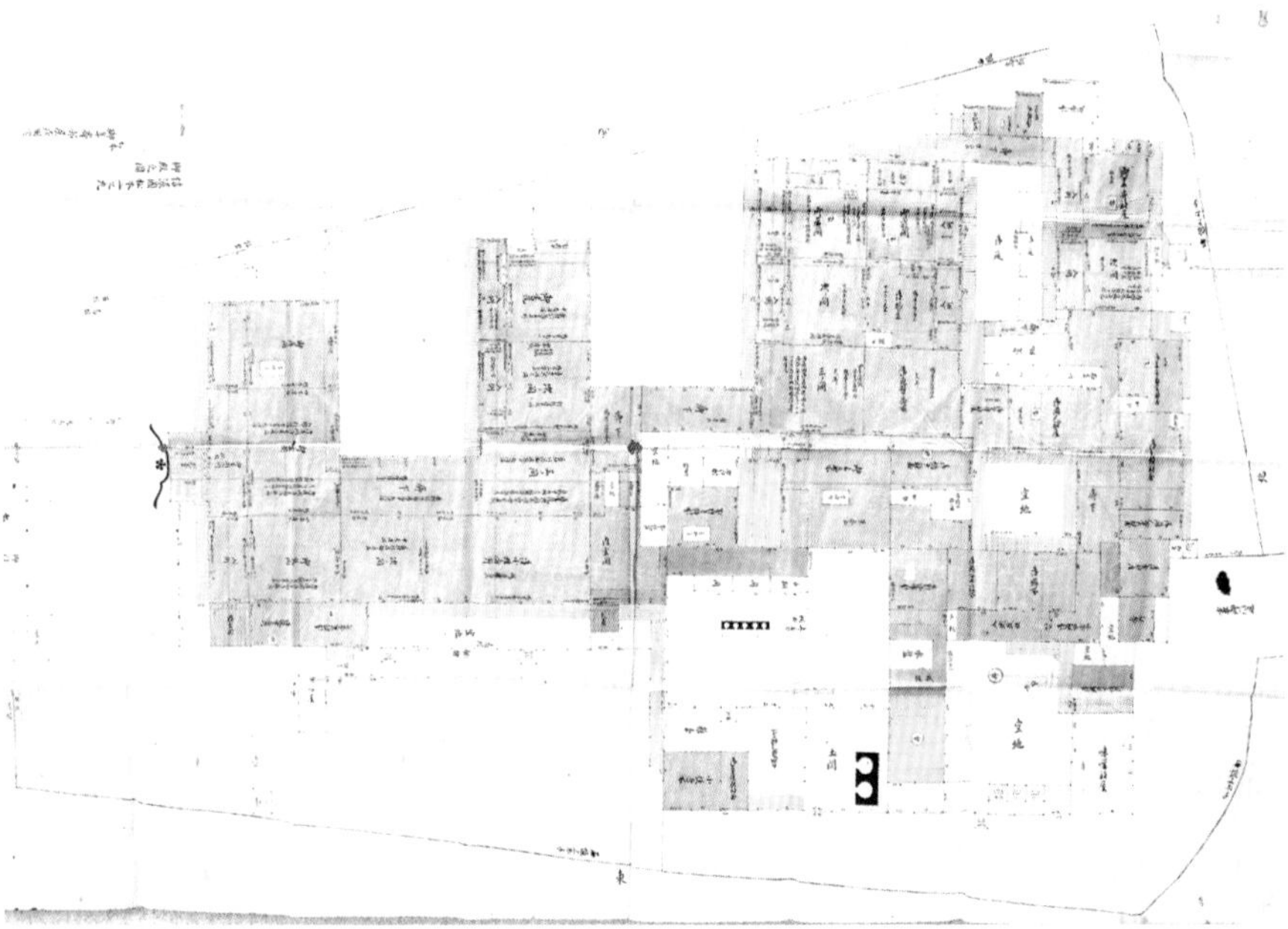

『**信濃国松本二之丸御殿之図**』　文化・文政期（1804〜30）頃の成立。（松本市立博物館蔵）

奥に書院と付属の小部屋があったようです。また史跡公園の中心部に進むと、東側に内玄関があります。この基本的な構成は、68ページで触れる本丸御殿とほぼ同じです。

　寛保2年（1742）の『二の丸御殿図』では、政庁と居住部分がはっきりと区分し表現された図になっていて、台所を挟んで外向《そとむき》（公の場）と御殿向《ごてんむき》（私的な場）に分かれていました。一方、文化・文政期（1804～30）頃の成立と見られている『信濃国松本二之丸御殿之図』では、間取りの変化は台所周りに仕切りが多くなっている程度ですが、外向や御殿向といった分けられ方はしていません。これは、この2枚の図の間に、藩主の居館が54ページの「古山地御殿」に移されたためです。

　歴史的背景を知るうえで、この2つの資料は大変貴重です。現在の平面復元された史跡公園で表示と見比べながら歩くと時代の流れが感じられます。

現存する「二の丸土蔵」

史跡公園の奥に、1つだけ白塗りの建物があります。

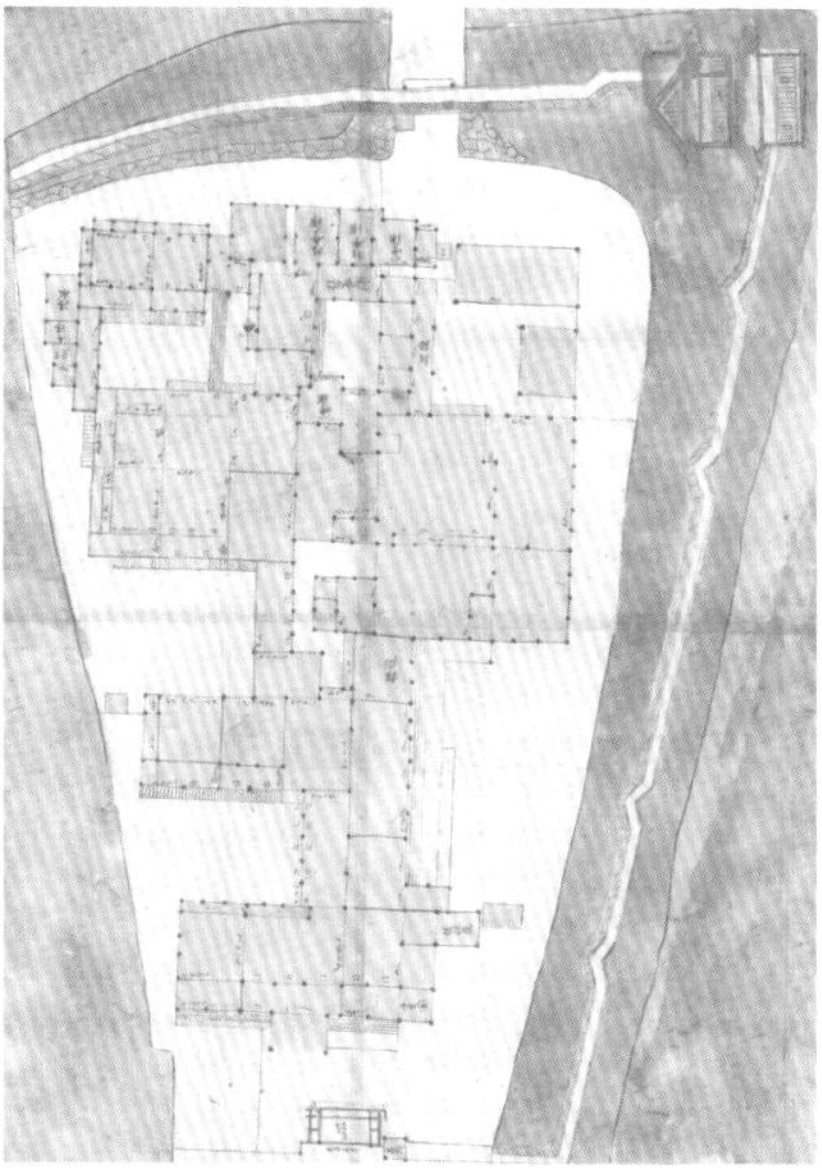

『信州松本城之図』（部分） 二の丸御殿の北東に櫓の絵が貼り付けられている。これが起こし絵。絵に寸法が書かれており、復元が検討されている。（松本市教育委員会蔵）

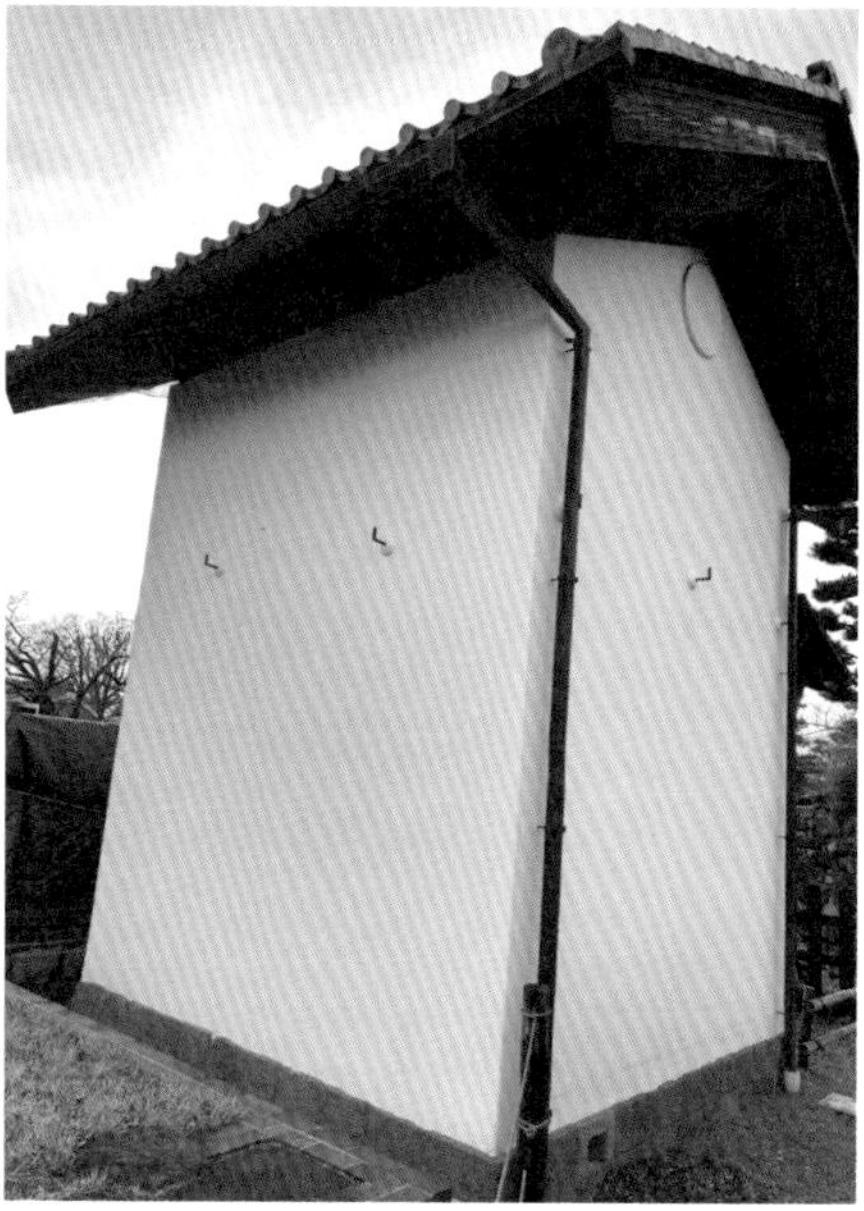

二の丸土蔵 御殿に背を向ける形で建っている。

3メートル四方程度の小さな土蔵で、一見、ただの倉庫かと見逃してしまいそうな佇まいです。慶応3年（1867）につくられた「二の丸土蔵」です。当時は御《ご》金蔵《きんぞう》（貨幣をしまっておく蔵）として使用されました。明治9年（1876）の火災で焼け残り、昭和59年（1984）10月に解体修理が完了しました。

二の丸御殿の北側には「二の丸裏御門橋」という木橋が架けられています。この橋は、各絵図にも記されており、江戸時代から松本城に現存しました。正規の入口である太鼓門の土橋に比べると細い橋です。

また『信州松本城之図』によると、二の丸の四隅と南には二重2階の隅櫓《すみやぐら》がありました。櫓自体は現存しませんが、二の丸御殿のそばには「東北隅櫓」の櫓台が整備されています。

東北隅櫓は、『信州松本城之図』に起こし絵が残されており、寸法も書かれているため、松本市の史跡整備計画には復元も含め、再整備を検討することが記されています。

藩主の私邸「古山地御殿」

半世紀の歴史「旧松本市立博物館」

二の丸御殿跡から、太鼓門まで戻り、さらに内堀沿いに南へ進むと、正面に「旧松本市立博物館」が見えてきます。旧松本市立博物館は令和3年（2021）に約50年の歴史に幕を下ろし、大名町通りに移転しています。令和6年（2024）1月時点ではまだ建物は残されていますが、いずれ取り壊される予定です。

旧松本市立博物館

この旧松本市立博物館の本館内には、「てまがりの井戸」という古井戸が残されています。てまがりとはカタツムリのことを指します。

旧松本市立博物館を含む二の丸の南東辺りには、「古山地御殿《こさんじ》」という建物がありました。建坪約178坪（587平方メートル）、部屋数30と本丸御殿の約5分の1、二の丸御殿の約3分の1の規模で、比較的小さな御殿です。創建は、じつは本丸御殿や二の丸御殿よりも古く、石川数正が松本城主になった頃に、城主の私的な生活の場、「慰ミ所《なぐさみどころ》」としてつくられました。

てまがりの井戸は、古山地御殿の離れにあった井戸です。古山地御殿が廃されたあともこの井戸は使われていました。

私的な居館「古山地御殿」

旧松本市立博物館の向かい、庭園のようになっている辺りも古山地御殿の敷地だった場所です。正徳2年（1712）の『信州松本城之図』を見ると、御殿の北東の角に「数寄屋《すきや》」（現在の茶室を指す）があり、「鷹

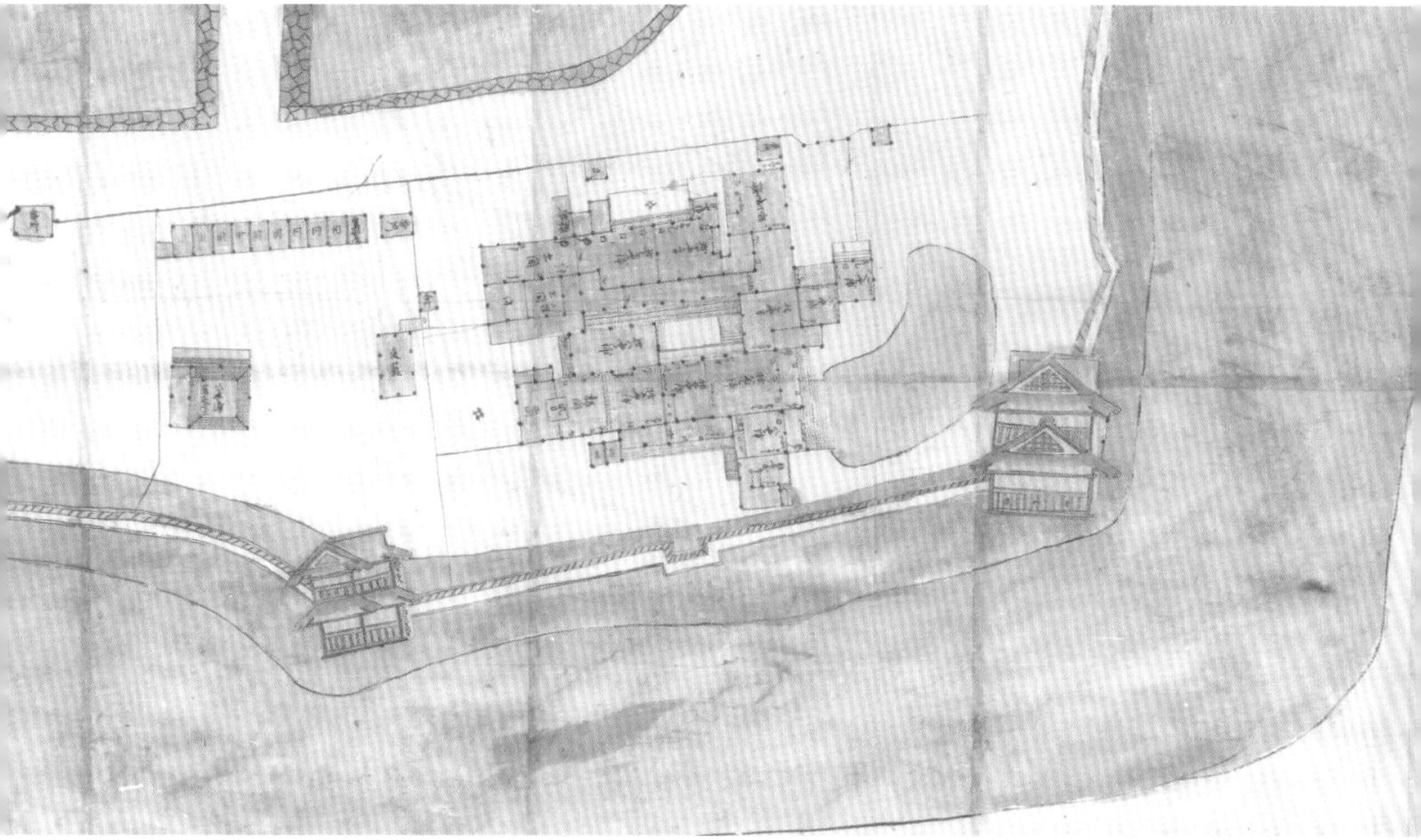

『信州松本城之図』（部分）　古山地御殿辺りを抜粋。（松本市教育委員会蔵）

部屋」や「庭籠《にわこ》」なども見られます。

本丸御殿や二の丸御殿とは違い、政庁としての役割はもっていなかったと推察されています。その後、享

松本城正面の土橋　アーチ橋の頃は深瀬橋という名があったようだ。

保12年（1727）に本丸御殿が焼失後、当時の城主だった戸田光慈《みつちか》によって拡張され、藩主のおもな居館とされました。

古山地御殿があった場所には、明治18年（1885）に長野県中学校松本支校（のちの県立松本中学校）が開校します。この初代校長である小林有也《うなり》は、天守の修理に尽力したことで知られる人物です。松本中学校は明治33年（1900）から本丸を校庭として使うようになり、それに伴い天守の管理も担いました。その後、天守の状態を憂いた小林らは松本天守閣保存会を発足し、寄付をつのって、明治36年（1903）から修理に取りかかります。こうして天守は倒壊を免れました。

ちなみに現在、二の丸への入口となっている大名町通りから続く土橋は、松本中学校の校舎を利用しやすくするためにつくられたアーチ橋が起源です。このように松本城の歴史とも深く関わる松本中学校ですが、生徒数の増加から、昭和10年（1935）に移転することになります。

『松本中学校開校式繁栄之図』
明治18年(1885)に描かれた錦絵。(長野県立歴史館蔵)

松本中学校 南入口　左手に見切れているのが南隅櫓。(松本市教育委員会提供)

松本中学校と共存した「南隅櫓」

先ほども述べたとおり、外堀沿いの土塁上の四隅と南には、隅櫓が建っていました。いずれも二重櫓で、およそ高さ7メートル、横幅5メートルの、標準的な規模の隅櫓です。

なかでも「南隅櫓」は、大名町通りを望む位置にあり、防衛上重要な櫓でした。5つの隅櫓のうち最後まで残されたのも南隅櫓で、明治初期に松本城の建物の大部分が解体されたあとも残され、明治18年(1885)に旧制松本中学校の校舎が完成したあとも残存していたことが、錦絵や古写真などから確認できます。

二の丸にあった5つの隅櫓は、すべて失われてしまいました。二の丸御殿の発掘調査で礎石が確認された東北隅櫓の櫓台は、調査の成果を踏まえて復元されました。それ以外で残されている痕跡としては、西南隅櫓の鯱瓦が現存します。明治14年(1881)に櫓を解体した際、破壊されるはずだったものを市民が保管して残していたもので、松本市立博物館に収蔵されています。

城内 9

朱塗りの「埋橋」、前身は「足駄塀」

名所「埋橋」は観光用

古山地御殿跡の北側には、本丸の正門である「黒門」がありますが、本丸に入る前に、二の丸の西側も見ていきます。

内堀沿いに西から北へ進むと、朱塗りの「埋橋《うずみばし》」が見えてきます。天守との景観が写真映えすると観光客から人気です。埋橋は昭和30年（１９５５）に架けられた観光用の橋です。

二の丸の西側と東側を結んでいる橋ですが、現在は耐久性の問題で通行禁止です。江戸時代の形式に復元するという話もないわけではありませんが、名所として定着しているため、当分の間は埋橋のまま修復される方針のようです。

内堀と外堀を区切る「足駄塀」

この場所の設備については、いくつかの史料に記述を確認できます。松本藩の歴史をまとめた『信府統記《しんぷとうき》』には、水野忠清《ただきよ》の代（１６４２〜47）の項に、「埋門板橋長拾間半幅一間半」とあります。埋門板橋という板の橋があったようです。

それが元禄年間（１６８８〜１７０４）の頃になると、絵図に「アシダ塀」という記述が現れます。幕末〜明治頃の絵図などには、堀にびっしりと杭を立てて、その上に塀を築いている様子が描かれています。これが「足駄塀《あしだべい》」で、塀によって内堀と外堀を区切り、北側から南側の内堀を覗けないようにしていたと考えられています。

平素はこのように塀として使われていますが、じつは水中には橋脚や橋桁が備えられていて、板塀を倒すと橋のようになったようです。有事には人や馬が通ることもできたと推定されています。

松本城にはこのほか、内堀東側にも設置されていました。ただ、やはり現存はしていません。

『**松本城見取図**』　明治30年（1897）に江戸時代の終わり頃の城を描いたもの。現在の埋橋の辺りに足駄塀が確認できる。（松本市教育委員会蔵）

埋橋と松本城　松本城の写真では定番の画角。

城内 10

築城主をまつったといわれる「若宮八幡」跡

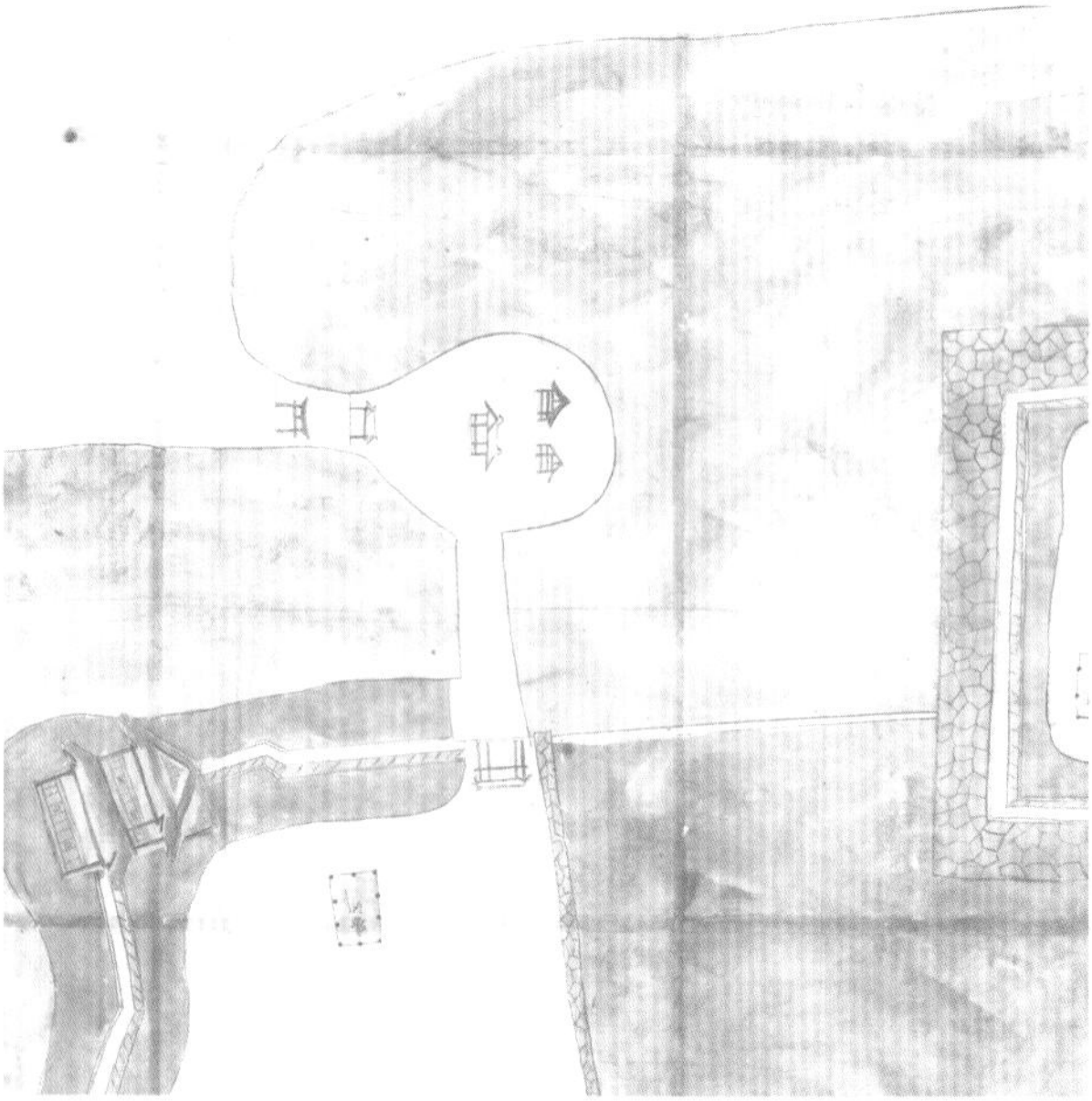

『信州松本城之図』(部分)　若宮八幡辺りを抜粋。(松本市教育委員会蔵)

若宮八幡は松本神社に遷座《せんざ》

足駄塀のあった場所から北に道が続いていて、内堀を越えて、松本城の北西トイレへと通じています。その途中、内堀に半島状になった場所があります。何があるわけでもなく、案内板なども見当たらず、少し不自然な空間です。

各絵図を見ると、二の丸を囲む塀の外側に位置します。ここには、「若宮八幡《わかみやはちまん》」と呼ばれる神社がありました。松本城の前身である深志城をつくったとされる島立右近《しまだちうこん》を、城の守神としてまつったのが始まりだと伝わります。

若宮八幡跡

神社の正確な創建年は定かではありませんが、島立

若宮八幡　松本神社に遷座された現存のもの。

右近は永正14年（１５１７）に亡くなったとされ、若宮八幡が建てられたのはそれ以降ということになりそうです。寛文10年（１６７０）に社殿が整えられました。このときの建物は昭和に入って松本神社内に移され、国の重要文化財に指定されて現存しています。

深志城の創始には諸説ある

信濃国内の地理・歴史を記述した書籍『信府統記《しんぷとうき》』や『筑摩安曇両郡開基《ちくまあづみりょうぐんかいき》』（寺島家文書）、『信濃国松本《しなのこくまつもと》両郡開基《りょうぐんかいき》』（寺島家文書）には、小笠原氏の一族である島立右近が深志城を築城したという旨の記述があります。そのため一般的には右近が築城主とされているわけですが、これには諸説あります。

近年出された説ですが、深志郷（現在の松本市）を室町時代から治めていた坂西《ばんざい》氏が、居館を城につくり直し、深志城としたともいいます。『笠系大成《りゅうけいたいせい》』という小笠原家の史料に、小笠原長時時代の深志城の城主について、坂西と記されていることなどが根拠です。

城内 11

一部石垣も現存する本丸の正面口「黒門」

黒門(二の門)

枡形と狭間で守られた城

二の丸もひと通り見たので、先ほど通り過ぎた「黒門」前まで戻ります。黒門は二の丸から本丸へと入る正面口にあたり、櫓門形式の「一の門」と高麗門形式の「二の門」から成る枡形門です。二の丸側が二の門で、現在は枡形に天守の入場券を扱う券売所があります。その先に一の門があります。

太鼓門よりも門が大きく、枡形もひと回り規模が大きくなっています。枡形に立ってみると、袖塀《そでべい》にも狭

黒門(一の門)　一の門両側(向かって左側)の石垣は現存石垣。狭間はみられないが、竪格子窓がついており、銃などで枡形の敵を狙うことができた。

黒門 昭和35年 この頃、二の門とそれに続く袖塀はまだ復元されていない。(松本市教育委員会蔵)

間が多数開いているのがわかります。内堀対岸に敵が攻め込んだ際には、徹底した銃撃を浴びせることができる構造です。

黒門は一部の石垣などを残し、明治4年（1871）に取り壊されました。昭和35年（1960）に一の門が復興されました。その30年後の平成2年（1990）に二の門と袖塀が復元され、枡形が蘇りました。ただ、緻密な設計図は残っていなかったため、絵図と残存石垣をもとにほかの城なども参考にしつつ建設されました。

銃の射程を考慮した「内堀」

ここまで横目に見ながら歩いてきた内堀も、じつは江戸時代からそのまま残っているわけではありません。黒門の東側と南側は明治35年（1902）に埋められ、黒門の北側の石垣を取り払い、太鼓門から一直線に車道が通されていました。この内堀は、昭和の大修理（1950～55）で天守の復元修理が竣工したのに伴って、昭和30年（1955）に復元されました。

内堀は広いところで60メートルほどの幅があります。江戸時代に使われていた火縄銃で、十分な命中精度が期待できる距離は60メートルくらいでした。内堀はこの距離を参考に設定されています。また、一部は片薬研堀《かたやげんぼり》という構造になっていて、天守側が浅く、外側が深くなっています。場所によっては3メートル以上の深さがありました。

ちなみに、南・西外堀も大正から昭和初年にかけ埋め立てられました。こちらも、最新の発掘調査の成果と史料をもとに復元のための計画づくりが進められています。ただし、南外堀でも古山地御殿があった付近は例外で、埋め立てられず現在まで水をたたえ続けています。

袖塀と狭間

城下町外に寄り道

松本城周辺に点在する小笠原氏城跡と山城遺構

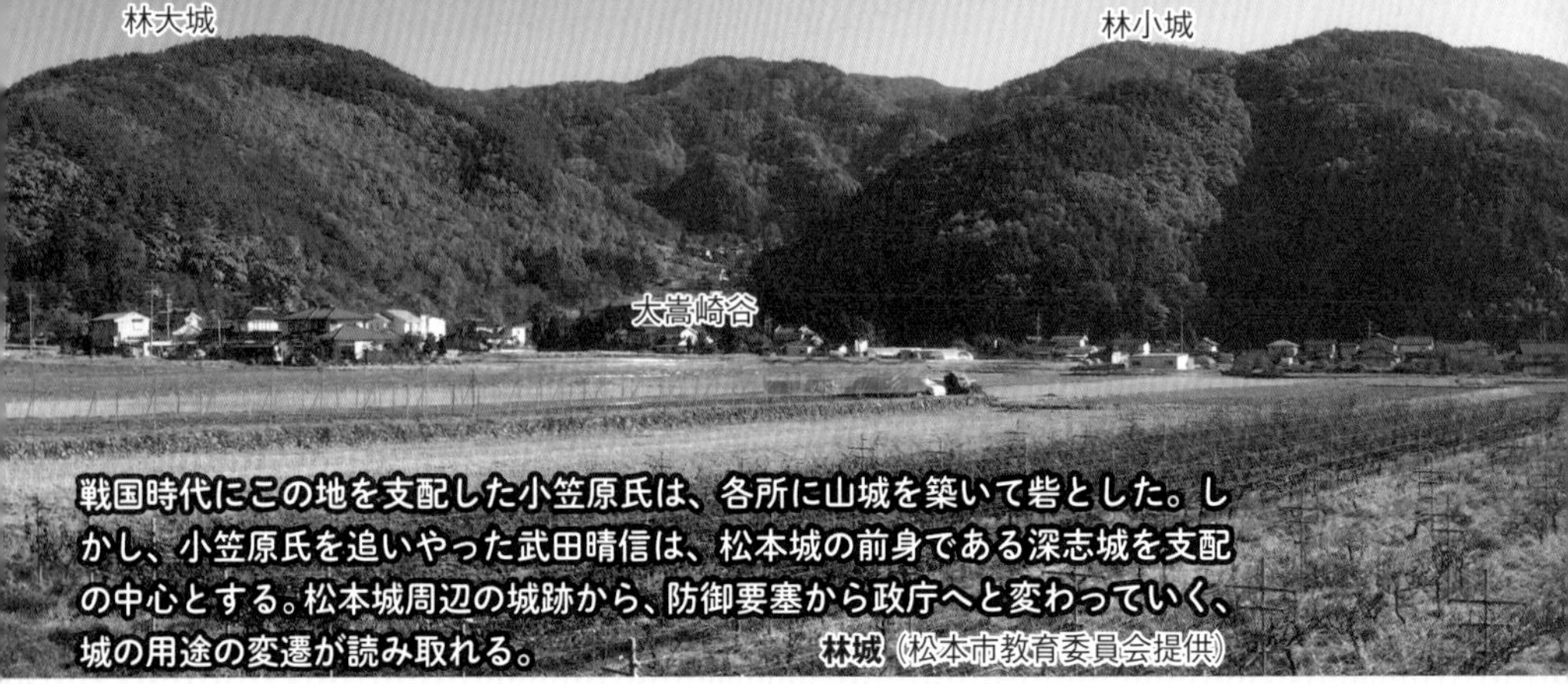

戦国時代にこの地を支配した小笠原氏は、各所に山城を築いて砦とした。しかし、小笠原氏を追いやった武田晴信は、松本城の前身である深志城を支配の中心とする。松本城周辺の城跡から、防御要塞から政庁へと変わっていく、城の用途の変遷が読み取れる。

林城（松本市教育委員会提供）

府中小笠原氏が本拠とした守護の居館「井川城」

現在の松本市は、古代には国府が置かれ「府中《ふちゅう》」と呼ばれていました。室町時代以降、この地を治めたのが信濃国守護となった小笠原氏です。

小笠原氏は飯田《いいだ》を拠点として南信濃を支配しますが、その中で、府中《ふちゅう》に勢力をもったのが府中《ふちゅう》（深志）小笠原氏でした。府中《ふちゅう》小笠原氏は、松本盆地の中央に「井川《いがわ》城」を構えて居館としました。松本駅から南に1キロ、松本城からは南西に2キロの場所に、井川の地名が残っています。

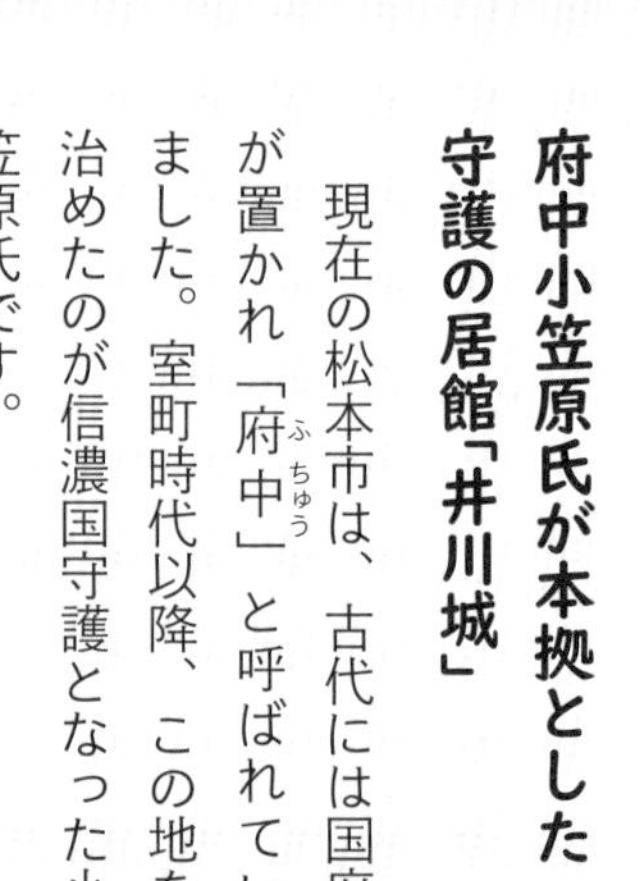

井川城の発掘調査
平成25年（2013）から行われた発掘調査により、井川城の造成規模が推定された。（松本市教育委員会提供）

発掘調査の成果から、南北100メートル、東西70メートルほどの範囲に盛り土を築き、周囲に堀と土塁をめぐらせた方形の館だったと考えられています。城の内部の様子は不明ですが、建物の礎石や柱穴とともにに、青磁や白磁などの高級な陶磁器も見つかっており、守護にふさわしい立派な館だったと考えられます。

戦乱の中で要塞化された「林城」と周辺の支城

井川城は、頭無《ずなし》川を利用した堀を「井」型にめぐらせたことから名づけられたようです。15世紀後半に小笠原氏の内紛が激化すると、府中小笠原氏は平地の井川から4キロ東の山麓に、「林城」を築きました。現在、井川城とともに国史跡に指定されています。

林城は、大城と小城という2つの山城の総称です。まず大嵩崎谷《おおつきだに》に城主の居館や家臣の屋敷が置かれたと考えられます。この谷を見下ろす形で、北東の尾根に大城、南西に小城という2つの城が築かれたのです。

平時は谷に構えた館で暮らし、緊急時には両城に籠もって、谷に押し寄せる敵を山上から挟撃できる形です。こうした平城から山城への転換は、室町時代後期から戦国時代への移行に伴い、全国的にも見られました。

大城は、高遠《たかとお》山から延びる尾根の端にあたる標高844メートル地点に築かれています。主郭は土塁で囲まれ、周壁に石積みを築いています。尾根筋には土塁

林大城の竪堀　竪堀は堀切から延びていた。（松本市教育委員会提供）

林小城の石積み　山城でよく見られる鉢巻状石積み。東西の斜面には畝状竪堀群が見られるが、これは小城でしか見られない特徴。（松本市教育委員会提供）

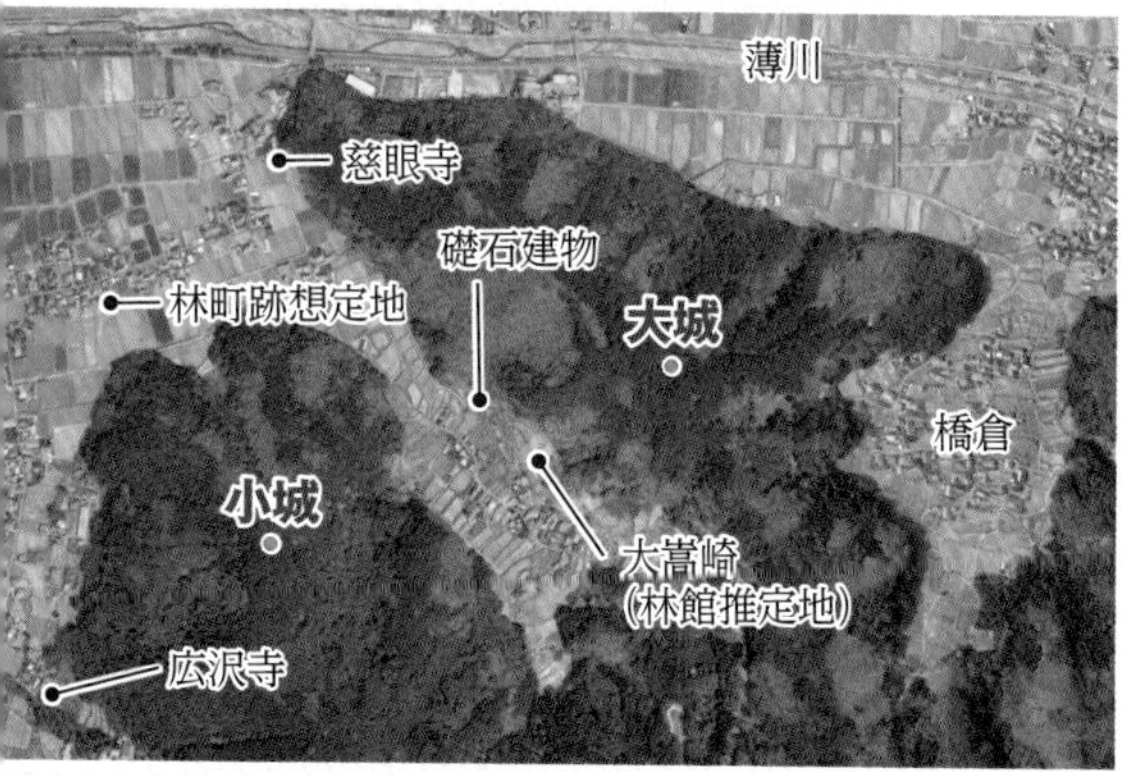

林城（空撮）　両城の間の谷部が、城主や家臣が暮らす本拠地だった。（国土地理院提供）

と堀切、堀切から続く竪堀《たてぼり》を設け、さらに曲輪《くるわ》をひな壇状に配置して防御性を高めていました。天然の要害を生かし、三方向に延びる尾根に防御施設を構えた堅牢な城だったことがうかがえます。

大城から谷を挟んで反対側の尾根にある小城は、標高774メートル地点に築かれ、規模としては大城の半分ほどです。ただ、縄張《なわばり》の構造はほぼ同じで、周囲を土塁で囲み、鉢巻状の石積みをめぐらせた主郭が現在も良好に残されています。また、主郭から延びる尾根筋を土塁と堀切、竪堀で仕切り、ひな壇状に連続する曲輪もあります。

林城を守る山城「埴原城」「山家城」「桐原城」

林城が築かれたことで、小笠原氏は15世紀末頃まで井川城と2つの本拠をもつことになりますが、そのほかにもいくつもの支城を構えていました。山の多い長野県ならではの城塞化といえますが、なかでも代表的なのが「小笠原氏城跡」として県史跡に指定されている、「埴原《はいばら》城跡」「山家《やまべ》城跡」「桐原《きりはら》城跡」の3つです。

埴原城は林城の南、中山地区にある大規模な山城です。築城の年代や経緯は不明ですが、小笠原家臣の埴原氏が代々城主を務めたといいます。主郭は3つの曲輪で構成され、尾根の稜線上に堀切で分断した曲輪を連ね、山全体を城塞化した大規模な城です。主郭には、一部を2段に築いた鉢巻状石積みが残ります。

山家城は、もとは諏訪氏の一族の山家氏が築いた城とされます。諏訪氏が小笠原氏に滅ぼされると、家臣が山家氏を継承して城主となりました。築造時期が異なる2つの主郭をもつ一城別郭の城で、入山辺地区上手町《わでまち》の背後の尾根の標高1057メートルの峰と、その尾根先の標高1000メートルの峰にそれぞれ遺構があります。とくに、手前の主郭に築かれた石積みは高さが3メートル近く、戦国時代の信濃における山城石積み技術の到達点ともいわれます。

桐原城は、小笠原氏家臣の桐原氏の主城でした。林城の北の守りとして薄川《すすき》を隔てた対岸の尾根に築かれました。主郭や副郭をはじめ、広い範囲に平石積みの石積みが施されています。主郭は東西16間（約29メートル）、南北15間（約27メートル）あります。

多数の城を撃破した 武田晴信が「深志城」を本城に

戦国時代、府中小笠原氏が支配する安曇《あづみ》、筑摩郡に300もの城があったといいます。松本近辺だけでも、水番《みずばん》城、伊深《いぶか》城、平瀬《ひらせ》城など、支城が多数ありました。松本城の前身となった深志城もその1つです。

しかし、こうした備えにもかかわらず、小笠原氏は甲斐の武田晴信の侵攻により府中《ふちゅう》を追われることになります。最初に攻略されたのは、「イヌイの城」だったとの記録が残ります。位置的には埴原城などが候補になりますが、具体的にどの城を指すのかは定かではありません。結局、そのほかの城も林大城とともに自落（戦わずに撤退すること）しています。

このとき、晴信が北信濃攻略の拠点としたのが深志城でした。松本平を支配し、北信濃に侵攻するためには、防御性の高い山城より、利便性に優れた平地の城がよいと考えたためです。その後、江戸時代に入ると、四方から街道が集まる深志城の立地の優位性はさらに高まっていきます。こうして、深志城から名を変えた松本城が、この地の中心となっていきました。

室町時代の守護の平地居館から、戦国時代の軍事的緊張による山城への拠点の変更、そして江戸時代の近世的な支配体制の確立。城は平地から山に、そして再び平地に戻り、領国支配の中心となっていきます。松本城の周辺4キロメートル四方の範囲内に残る城館跡に、城郭変遷の典型を見ることができます。

埴原城跡　（松本市教育委員会提供）

山家城跡　（松本市教育委員会提供）

桐原城跡　（松本市教育委員会提供）

城内 12

天守を正面に望む「本丸庭園」

再建されなかった「本丸御殿」

黒門をくぐると本丸に入ります。正面に松本城管理事務所の管理棟と売店があり、右手には松本城保存の功労者である市川量造《りょうぞう》と小林有也のレリーフが飾られています。小林有也は、既述（56ページ）のように倒壊の危機にあった天守を修復し、明治の大修理に尽力した人物で、市川量造は天守の博覧会利用を推し進めた中心人物です。信飛《しんび》新聞（のちの松本新聞）創刊者で、明治6〜9年（1873〜76）にかけて本丸を会場とした博覧会を5回開催し、この入場料などで天守を買い戻したといわれています（公文書に記録はない）。

管理事務所前で左（西）に向くと、目の前に松本城の天守がそびえます。国宝にふさわしい迫力ある景観ですが、もともと城の黒門と天守の間には、本丸御殿が建っていました。

藩主の居館であり、政庁でもあった本丸御殿の建坪は830坪と二の丸御殿よりも広く、部屋数も60余りありました。しかし、享保12年（1727）に火事で焼失してしまいました。

この時代の城主である戸田光慈は、財政が切迫して

『信州松本城之図』 水野氏の時代の松本城を描いたもの。起こし絵のないもの。（松本市教育委員会蔵）

多聞櫓跡　往時は武器庫や土蔵として使われた。多聞櫓沿いには厩が建てられていた。

本丸

松本藩戊辰出兵紀念碑

いたために本丸御殿を再建しませんでした。先述したとおり、政庁は堀を挟んだ二の丸御殿に移されています。

かつての本丸御殿の敷地跡は瓦で区切られ、本丸のほとんどを占めていたことがわかります。この本丸御殿を貫くように、天守に向かって中央園路がありますが、まずは北側の順路に沿って本丸を1周していきます。

失われた「多聞櫓」と「折廻櫓」

黒門から北に進んでいくと、売店の先には木々やロッカー、トイレが並び、裏は土手になっています。この土手の上には、かつて黒門から「多聞櫓《たもんやぐら》」が延びていました。多聞櫓というのは、長屋状の櫓のことです。

この多聞櫓は北東隅にあった「折廻櫓《おりまわりやぐら》」まで続いていたようです。また、折廻櫓付近から二の丸との間には足駄塀が設けられていました。

さらに北に進むと、松本藩戊辰《ぼしん》出兵紀念碑が立っています。明治維新の際、松本藩は藩主の戸田光則の最終決定により新政府軍に従います。そして、戊辰戦争では新政府軍の一員として出兵し、会津までの戦闘に加わりました。紀念碑は明治37年（1904）の建立で、表には戊辰戦争参加への経緯が、裏には従軍した藩士261名の役職と名が刻まれています。

さらに北には、「本丸北裏御門」跡があります。門の向こうは北外堀で、堀の北側にも土手が盛り上がっています。

本丸北裏御門跡　本丸と三の丸をつなぐ土橋が架けられている。江戸時代には櫓門があった。

加藤清正ゆかりの「駒つなぎの桜」

北裏御門跡の手前で左（西）に曲がると、戸田家の江戸屋敷から移された石灯籠1基と、手水鉢《ちょうずばち》が置かれています。さらに道なりに歩いていくと、突き当たりには先ほど外側からみた埋橋が架かっています。左手（南）には大きなしだれ桜があります。この桜は「駒つなぎの桜」といい、築城間もない頃に加藤清正が松本城を訪れたときに、清正への土産《みやげ》とする馬をつないだ木と伝わります。『続撰清正記《しょくせんせいしょうき》』に記されているところでは、城主の石川康長は、清正に2頭の名馬のうちの1頭を土産にしてほしいと申し出ます。すると清正は、どちらも選べないからと2頭とも連れ帰りました。これは欲にかられたのではなく、1頭を選べば片方は駄馬となり、康長の顔を潰してしまうからです。また、悪い馬を選べば見る目がないと笑われます。そこで、両方とも貰い受けることとしました。

駒つなぎの桜

ただし、実際のところ、この桜は清正が馬をつないだという桜そのものではありません。現在の桜は、駒つなぎの桜の後継として、天守の復元修復が完了した昭和30年（１９５５）以降に植えられたものです。昭和52年（１９７７）の『松本城中央公園整備計画』に掲載された証言では、かつて太鼓門南の博物館収蔵庫辺りに駒つなぎの桜という老桜があったといいます。本来の駒つなぎの桜は、どういう経緯かは不明ですが、大正元年（１９１２）頃になくなってしまったようです。

松本城は桜の名所としてして知られ、様々な種類の桜があります。なかでも満開となった駒つなぎの桜は壮観です。

小笠原牡丹　冬には雪よけの笠がかけられ、雪国の風情を感じさせる。

小笠原牡丹と宇宙ツツジ

駒つなぎの桜から南に進むと、天守の出入口にたどり着きますが、いったん本丸庭園の南側も見ておきます。

月見櫓の前に植えられているのが小笠原牡丹《ぼたん》です。この地を治めていた小笠原長時《ながとき》が、武田晴信に敗れて落ち延びるとき、大事にしていた白いボタンが踏み荒らされるのを恐れ、兎川寺《とせんじ》の住職に託します。それを檀家《だんか》の久根下《くねした》家が守り続け、昭和32年（１９５７）と平成18年（２００６）に松本城に移し替えられました。開花時期の5月頃には白い大輪の花を咲かせます。

ちなみに黒門付近に植えられているツツジは、宇宙ツツジと呼ばれます。日本人初の女性宇宙飛行士である向井《むかい》千秋《ちあき》さんが、平成6年（１９９４）年の宇宙飛行でもっていった種から発芽させたツツジを分けたものです。花いっぱい運動（第二次世界人戦後に、社会を美しく・明るく・住みよくする、という目的で行われた植花運動）の発祥地である松本市に、向井さんの故郷である群馬県館林市から寄贈されました。

本丸南側通路沿いには、戸田家の石灯籠2基のほか、水野忠直《ただなお》が、上野の寛永寺に奉納した灯籠が並んでいます。寛永寺が寺域を整理するときに競売にかけられていたものを、松本市出身者が買いつけて、昭和28年（１９５３）に寄付されました。松本市の姉妹都市である岐阜県高山市から寄贈された灯籠なども並びます。

城の連結部であり敵を阻む「渡櫓」

軟らかい土壌に建つ石垣の工夫

天守に入る前に、城の外観を見ておきます。松本城は、五重6階建ての「大天守」、その隣には三重4階建ての「乾小天守《いぬいこてんしゅ》」、二つの天守をつなぐ「渡櫓《わたりやぐら》」、大天守から突き出た「辰巳附櫓《たつみつけやぐら》」、「月見櫓」がつながっています。諸説ありますが、一般的には文禄2年（1593）から翌年にかけて石川康長が天守と渡櫓、乾小天守をつくり、寛永10年（1633）に城に入った松平直政が辰巳附櫓と月見櫓を増築したとされています。大天守・渡櫓・乾小天守の連結式天守に、増築した櫓がついたことで、連結複合式天守と呼ばれます。

天守の土台となる石垣は、それほど高くなく勾配もゆるやかです。女鳥羽川と薄川の複合扇状地という地盤の軟らかい場所に建つため、あまり高くできなかったようです。さらに、石垣の内部には、直径約39センチ、長さ5メートルほどの16本の丸太を組んだ構造体が入り、天守を支えています。土台の底辺は石垣が沈まないように丸太を並べた筏地形《いかだじぎょう》という技術が使われ、石垣が沈んだりずれたりしないよう支えています。

石垣は、大小の自然石をそのまま積み上げた野面積《のづらづ》みです。石垣の石材積みの手法は、野面積み、打ち込みハギ、切り込みハギの3つに分けられますが、その中でも最も古い施工方法です。天守台の四隅は算木積《さんぎづ》みのようになっています。長短の石を交互に組み合わせ角を整えた、石垣を強くするための工夫です。

大天守を外から見たとき、最も上の五重目に入母屋《いりもや》破風《はふ》、三重目に唐破風《からはふ》と千鳥破風、二重目に千鳥破風がしつらえられています。屋根の瓦には、ところどころに「捨て瓦」と呼ばれる平瓦が敷かれています。この瓦は、積もった雪や氷が落ちたとき、下の階の瓦を傷めないよう置かれたものです。建物の維持のため昭和の大修理の際に施されました。軒の部分の瓦は逆三角形の雨水が落ちやすい形になっていて、「滴水瓦《てきすいがわら》」

と呼ばれています。1階部分には石落としが設けられ、天守群全体では115の狭間があります。まだ戦いが意識された頃に建てられたことがわかります。

乾小天守は外観は三重ですが、内部は4階建てという三重4階構造です。三重目の入母屋破風以外には目立った装飾は見られません。1階角には石落としが配置されており、最上階まで鉄砲狭間と矢狭間が設けられています。大天守、渡櫓と同時期につくられたことがわかります。

城の入口「渡櫓」

松本城天守には、大天守と乾小天守をつなぐ渡櫓の地階から入ります。両天守に挟まれた袋小路の奥に入口があり、往時は重い扉に守られていました。敵をここで留め、石落としや狭間から一方的に攻撃を加えられるようになっていました。

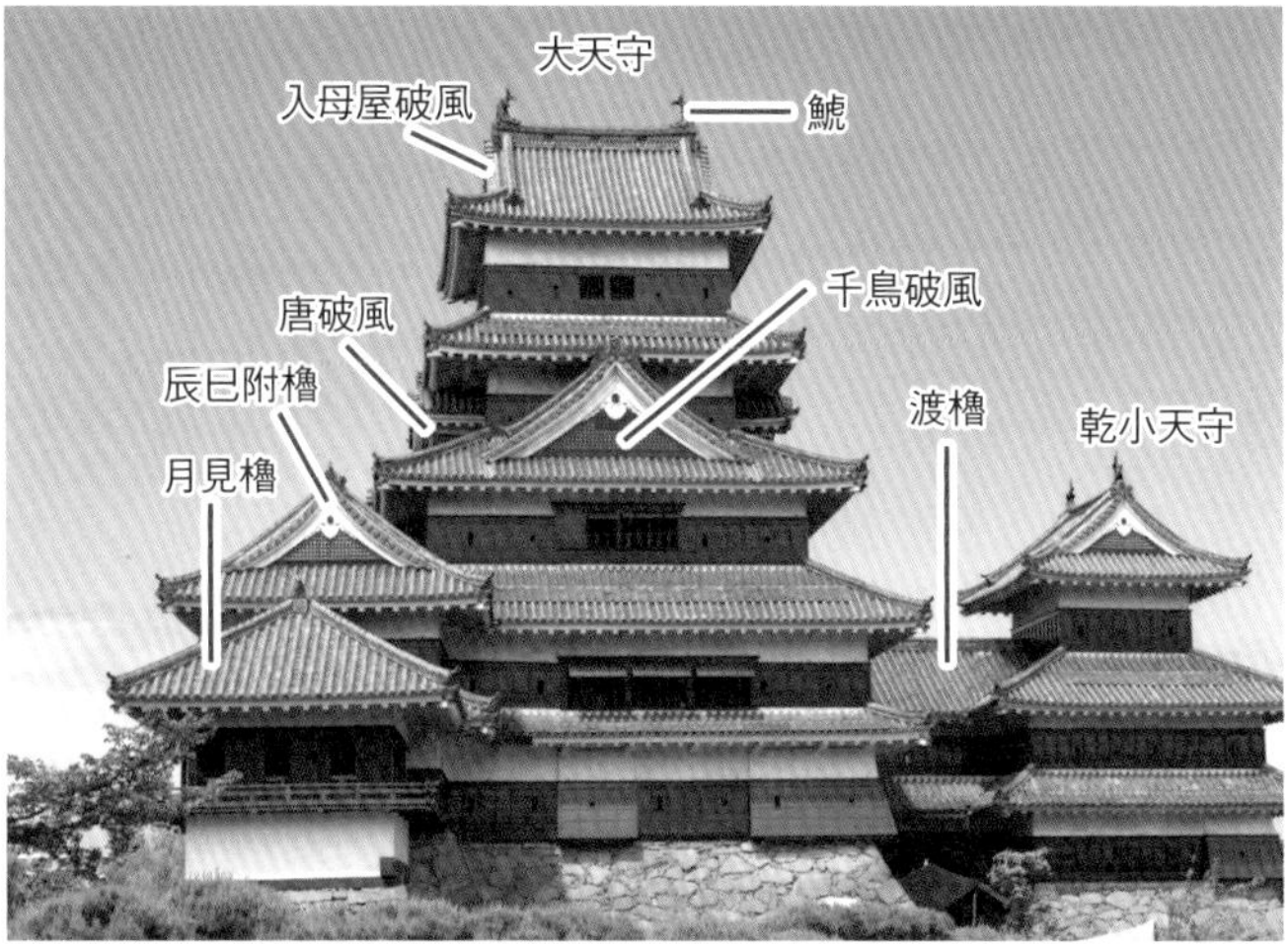

松本城天守群　いずれの建物も、壁面は上半分が漆喰塗、下半分が下見板張りになっており、統一感がある。

渡櫓に入ると、現在木製の階段がつけられていますが、昔は石段（雁木《がんぎ》）のみでした。2階に上がると、両天守をつなぐように、曲がった梁《はり》が櫓を横切っています。強度を高めるために、製材していない自然の木をそのまま使用しています。

2階部分には、天守の瓦や、和釘などの展示があります。松本城は昭和の大修理で瓦の総数8万4672枚のうち、6万2276枚が新しい瓦に葺き替えられました。このとき取り替えられた瓦などが展示されています。

渡櫓　地階が入口になっていて、すぐに階段となっている。

城内 14

城の北を守る「乾小天守」

乾(北西)という名だが実際は北

乾小天守は、城の北西に築かれた、大天守よりも1段低い櫓です。大天守と連結していますが、最上階が独立しているため、櫓ではなく、天守と呼ばれています。

乾《いぬい》とは北西の方角を意味します。しかし、松本城の乾小天守はほぼ北に建てられています。これは、北には「叛《そむ》く」「敗れる」という意味があることから、北と名づけるのを嫌ったためです。

かつては観覧可能でしたが、令和6年（2024）現在、一般人は観覧も立ち入りもできません。平成29年（2017）の耐震診断で、大地震による倒壊の恐れがあると判断されたためです。現在は渡櫓からの入口に案内板があり、1階部分を覗くことができるのみです。

大天守には見られない丸太柱

入ることはできませんが、資料で知れる構造について触れておきます。乾小天守の柱は、大天守の柱がすべて角柱なのに対し、丸太柱と角柱の混合になっています。1階中央に丸太柱があり、2階まで通じる通《とおし》柱《ばしら》18本のうち、10本が丸太柱、8本が角柱です。日本の伝統建築では柱と柱の間を1間と呼びますが、松本城天守群の1間は場所により長さが異なります。

乾小天守は、通し柱でつながる1・2階と3・4階が一組のような構造になっていて、2階までは5間×4間、3・4階は3間×3間となっています。1階の中央の丸太柱は、直径約41センチで、創建時から引き継がれた創建材です。3・4階の12本の柱はすべてが創建材です。

1階西側の狭間は、低い位置にあります。これは、堀を渡って石垣にとりついた敵を狙うため、敵に近い位置から見るためのものです。天井には、屋根の重さを支えるために補強された出桁《だしげた》が、側柱《がわばしら》を貫いて露出しています。

2階は、北側と西側に2連の竪格子窓《たてこうしまど》を設け、光を取り入れています。窓の敷居中央には穴が開いており、雨水が敷居を伝って穴から外に排出される仕組みです。

3階は二層目の屋根の位置にあるため、外からは部屋の存在がわかりません。天井の低い隠し部屋となっています。

最上階となる4階は、唐風の花頭窓《かとうまど》が北と西の2か所にあります。花頭窓は仏教建築の洋式で、天守建築では格式の高い窓とされています。本来は火灯窓といいますが、火を避ける意味で花頭窓と記されます。

4階の天井は、放射状に桔木《はねぎ》が配置されていていま す。これは、テコの原理を使って、屋根の軒先が下がらないようにするための工夫です。こちらも鎌倉時代の寺院建築から取り入れられた技術です。観覧できないわけですが、同じ桔木構造を大天守でも見ることができます。

乾小天守(北側)　三重目、つまり4階に花頭窓が確認できる。

乾小天守1階　観覧可能な範囲からも、丸太柱と角柱が確認できる。

城内 15

階層ごとに違う顔を見せる「大天守」

母屋の段差が珍しい「1階」

　乾小天守から渡櫓を通って反対側にあるのが大天守です。大天守1階に入ると、外側は一段低い武者走り（廊下）になっています。外側が低いのは、母屋部分の床下に土台を二重に入れているためです。約50センチの高低差があります。

　壁には矢狭間・鉄砲狭間が配されており、床には石落としが開いていて、覗き込むと広く石垣を見渡すことができます。名は石落としですが、石垣を上がってくる敵に鉄砲を撃って攻撃するための防衛設備でした。

　1階には全部で89本の柱が等間隔で立てられています。ここでの1間は6尺5寸（約1・97メートル）で、すべての柱が角柱です。

　よく見ると、柱の太さには差異があります。これは柱の性質による違いです。最も細い、一辺約20センチほどの柱は、1階で途切れている管柱《くだばしら》です。これ以外の60本は2階まで貫く通柱ですが、このうち側柱（建物外側の柱）の34本は一辺約30センチ、入側柱《いりがわばしら》（武者走りと中央部の間の柱）はその中間程度の太さです。

　また、柱には小さな穴の開いているものが目立ちます。これは武者走りと母屋の間に壁が立てられていて、4つの部屋に仕切られていたためです。おもに倉庫として使われていたと考えられています。

1階　ほぼ等間隔で角柱が立てられている。

1階西側武者走り　母屋は一段高くなっていて、壁はわずかに内側に反っている。

竪格子窓　このような太い格子のついた窓は武者窓とも呼ばれる。

武者走りが順路となっていて、北から入って西、南、東へと壁に沿って回るかたちになります。とくに西側がわかりやすいのですが、大天守の1階の壁はまっすぐにはなっておらず、わずかに曲線を描いています。これは、基礎となっている石垣に沿って柱を立てているからです。松本城の大天守が建てられた頃は、技術的に基礎が若干いびつになってしまっていました。姫路城の大天守などにも同じような処理が見られます。

武者走りを進んでいくと展示ケースが並んでいます。昭和の大修理の際に取り換えられた土壁や重さ1000トンの大天守を天守台（石垣）の内で支えた土台支持柱などが展示されています。

2階　大まかな形は1階と似通っているが、母屋との間に段差はない。大部分が展示場になっている。

竪格子窓　2階の竪格子窓は3〜5つが連なる形になっている。

武士が詰めていた「2階」

先述のとおり、1階の通柱60本は2階まで通じています。2階の管柱は27本で1階よりも2本少なくなっています。1階のような武者走りと母屋の段差はありませんが、やはり壁はわずかに反っています。

2階には、東西と南側の3方向に竪格子窓が配されており、外からの光が入りやすく、明るくなっています。幅約127センチの窓に、13センチ×12センチの部材が縦にはめられています。とくに、南側の格子窓は5間続きとなっていて壮観です。この格子窓は日光を取り入れるだけでなく、鉄砲を撃つための狭間のような役割ももっていました。

天井を見上げると、梁と梁が折り重なっているのがわかります。台持継《だいもちつぎ》や金輪継《かなわつぎ》といった、釘を使わない工法で柱をつないでいます。ただ、梁のつなぎ目には、補強のための舟形肘木《ふながたひじき》も確認できます。

2階には、順路に沿って火縄銃を中心とした「松本城鉄砲蔵」の展示があります。松本市出身の赤羽通《あかばねみち》重《しげ》・か代子夫妻が寄贈した、141挺の火縄銃の中から、一部を展示したものです。

3階　階段の途中から見ることができる。

隠された「3階」と御座所の「4階」

2階から階段を上がっていくと、階段途中にある中2階のようにも見える部分が3階です。立ち入りはできません。

二重目の屋根の部分に位置し、南側の千鳥破風の木連格子《きづれごうし》からわずかに光が入るだけで、薄暗い階層となっています。天井は低く、普段は倉庫として使われていたようです。隠し階や暗闇重《くらやみじゅう》とも呼ばれており、倉庫として使われていたといわれていましたが定かではありません。

柱は手斧削《ちょうなけず》りによるうろこ状の紋様が浮かび上がっています。広さは、南北6間、東西7間で、50本の柱が使われています。昭和の大修理の際の調査で、柱の部材はヒノキやサワラなどで、マツを中心とした1・2階よりもよい部材が使われたことがわかっています。これは4階も共通です。そのことからもわかるように、松本城は、2階建ての建物の上に別の建物を載せたような構造をしています。ちょうど母屋の上に3・4階

4階　部材の表面はきれいに整えられ、天井と長押の間は小壁になっているため、3階までよりも見栄えがする。

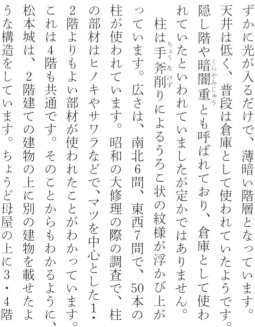

が載っていて、3階からは壁に反りはありません。

階段を上りきると4階です。破風の窓から光を取り込める上に、小窓も設けられており、明るい階です。3階から4階には通柱が通っていますが、3階とは異なり、表面はきれいに鉋《かんな》がけされています。また、現在は長押《なげし》に御簾《みす》が掛けられていますが、部屋を仕切って使うこともできました。畳を敷くこともあったと考えられています。

このように居住性も意識したつくりとなっているのは、城主の御座所として使われる想定だったためです。良材が使われたのも同じ理由です。

ただし、この場所を御座所にするのはあくまで緊急時のことで、通常は本丸御殿か二の丸御殿で政務が執られました。

ちなみに、北東の角に3階からの吹き抜けがあります。何のために吹き抜けをつくったのかは、定かではありません。

四方に破風入り込み間のある「5階」

北東の吹き抜けの脇に5階に上がる階段があります。これは松本城名物ともいえる急階段です。斜度は61度もあり、ほとんど梯子《はしご》のような傾斜です。4階は3階が低かった分、床から天井までが高く、柱と柱の間に階段をかけると、どうしても角度が急になってしまうのです。

5階は3・4階よりは若干狭くなり、南北4間、東西5間です。一方で天井までの高さは4・54メートル

5階　階段には踊り場がある。

破風入り込み間

もあります。外側が武者走り状になっていて、中央は柱のない3間四方の九間《ここのま》として整えられています。重臣たちが会議を行う場として整えられたと考えられています。

　この階で特徴的な点として、部屋の四方に、壁から一部だけ突き出したような床があります。ここは破風の内側部分で、破風入り込み間といいます。このことからもわかるように、5階は外から見たときの四重目に位置しています。唐破風の入り込み間には竪格子窓があり、外を見渡して戦況を知るという使われ方も想定されていました。

　5階から6階に向かう階段も非常に急です。ただ、こちらは柱2つ分を使っていて、途中に踊り場を設けてあります。松本城で踊り場のある階段はここだけです。

天井に神をまつる「6階」

　1・2階、3・4階と同じく5・6階も構造が似通っていて、通柱が通っています。それぞれの四隅が通柱です。6階の広さは5階より少しだけ狭い4間四方で、中央部が3間四方の九間となっているのは同じですが、北と南の武者走りが5階より若干狭くなっています。一方、5階とは明らかに異なり、武者走りの内側には敷居がつくられています。このため、中央部分は本来畳敷きだったと考えられています。

　ふつう、下から上にいくにつれて胴回りを小さくしていきますが、松本城の五重目と六重目はほぼ同じになっています。じつは、現在の武者走り部分は、もと廻縁《まわりえん》とする予定だったところを、建造の途中で胴回りを大きくして室内に取り込んだようです。理由は信州の寒さ対策や、雨水が縁側に落ちるのを嫌ったためなど諸説あります。

　6階の天井は近世以降の天井によく見られる竿縁《さおぶち》天井ではなく、井桁梁《いげたはり》がむき出しになっているため、屋

6階　柱はきれいに仕上げられ、小壁もある。

根の構造を見ることができます。桔木《はねぎ》が放射状に配置されていることがわかります。テコの原理により屋根の軒先が下がらないようになっているようです。

この屋根の中央部に、注連縄《しめなわ》のようなものが見えます。江戸時代に関東を中心に広まった民間信仰に由来する二十六夜神《にじゅうろくやしん》をまつっています。

言い伝えでは、元和3年（1617）に高崎（現在の群馬県高崎市）から戸田康長が入封した翌年の正月の夜、番をしていた家臣の前に神女が現れ、「二十六夜様をまつり、米3石3斗3升3合3勺を炊いて祝えば、お城は栄えるでしょう」と告げたのだといいます。この報告を受けた康長がお告げのとおりに二十六夜神をまつり、翌月から餅にしてお供えするようにしたそうです。のちに本丸御殿で火災が起きた際、天守は延焼を免れているのですが、これも二十六夜神のご加護のおかげだと言い伝えられました。

6階天井　井桁梁から放射状に桔木が延びていることがわかる。

6階部分は地上22・1メートル、堀からなら23・9メートルの高さにあり、四方に大きな窓が設えられているため、非常に見晴らしのよい場所となっています。東に美ケ原高原、南に松本市街、西に安曇野《あずみの》と北アルプス、北に信州大学や城山を望み、周辺の街並み、山並みを一望できます。城の立地や城下町の概観をつかむことができるので、城下町を歩く前に一度上っておくと、位置関係が理解しやすくなります。

城内 16

平和な時代の増設「辰巳附櫓」

増築を示す「添え柱」

　順路に従い2階まで下りてくると、前方（東）に戸口が開いています。境目が少しわかりにくいですが、ここを越えると松平直政が増築したとされる「辰巳附櫓」に入ります。大天守の辰巳（南東）の方角に建てられたことから、この名がつけられました。

辰巳附櫓と大天守の境

　大天守との境目をよく見ると、2つの柱を継いだようになっていることがわかります。大天守の太い柱に、辰巳附櫓側の半分ほどの厚みの添え柱が並んでいます。

　辰巳附櫓は2階建てで、1階と2階の両方が大天守とつながっています。全部で14本ある柱のうち12本が通柱です。3間四方の九間となっていますが、1間が東西方向で約1・62メートル、南北方向で約1・98メートルと不ぞろいになっています。

　2階から入ると、正面（東）は1階へ降りる階段となっています。右手（南）には展示場が設けられていて、先述の赤羽夫妻のコレクションのうち、陣笠や筆記具、鉄砲の弾など、鉄砲以外の関連の品が展示されています。

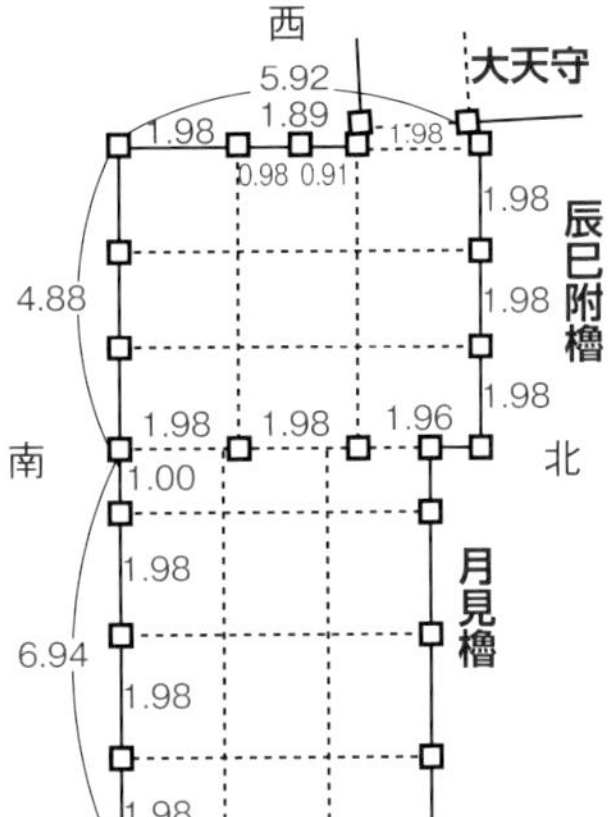

辰巳附櫓と月見櫓の柱配置

石落としをもたない

石垣の積み方などは大天守と同じですが、大天守や小天守にあったような、石落としは1つも見られません。2階の窓は装飾性の高い花頭窓となっています。花頭窓の内側には引き分け戸がつき、窓枠は縦に3本、横に4本の桟《さん》が入っています。また、窓の溝には水抜き穴があります。雨が降った場合には、雨水が敷居を伝わって水抜き穴に入り、外に流れ出る仕組みです。平和な時代に入ってから建てられたため、厳重な防衛設備が必要なかったようです。

また、外から見るとよくわかりますが、1階の南側の床は、70センチほど石垣からはみ出しています。一見石落としのようにも見えますが、床面はふつうの板張りです。このはみ出しは、月見櫓と南面を一直線にするための処置です。熊本城などでも似た工法が見られます。

花頭窓

辰巳附櫓外観(南側)

城内 17

風流を楽しむ「月見櫓」

将軍家光を迎えるために建造

月見櫓は辰巳附櫓から東にせり出すように建っています。地階をもった平櫓で、地階が出入口となっており、1階は辰巳附櫓とつながっています。

辰巳附櫓と接していない北側、東側、南側の3方向にはすべて広い開口部が取られており、舞良戸《まいらど》という横に桟を打った薄い板戸がついています。舞良戸は容易に取り外すことができ、非常に開放的な、防御を度外視したようなつくりです。

北方向には駒つなぎの桜が見え、東側には初夏に小笠原牡丹が白い花を咲かせます。南は内堀で、夏には涼しさを感じさせてくれます。秋には満月を見上げ、雪景色も風流で、すべての季節を楽しめます。

月見櫓から見た南側の景色

月見櫓内部　写真では舞良戸がついているが、それでも明るく開放感がある。

この櫓は文字通り月を見るための櫓で、戦いに備えるようなものではありませんでした。寛永11年（1634）に3代将軍家光が上洛することとなった際、帰りに善光寺を参拝したいという幕府の内定を受け、松本城に宿泊する計画が組まれました。月見櫓と辰巳附櫓は、この歓待のためにつくられたといわれています。

ただ、家光は帰路で落石があったため、松本への訪問を取りやめたそうです。それでも、月見櫓は完成し、代々の城主が風流を楽しむ場所となりました。

目を引く「朱塗りの刎ね高欄」

月見櫓の特徴として目立つのが、「朱塗りの刎《は》ね高《こう》欄《らん》」です。大天守にもなかった縁側が三方に設けられており、真っ赤な欄干がめぐっています。

この縁側は、14本の腕木によって支えられています。腕木を柱に差し込み、170センチほど内部に入り込んで、1階の根《ね》太《だ》（床を支える部材）で押さえています。人が歩くことを想定されていますが、屋根より外に張り出す濡れ縁となっていたため、風雨による傷みが激しく、現在は室内から見られるだけとなっています。塗られているのは朱色の漆で、毎年塗り直されています。月見櫓に入った際は腰をおろし、宴を楽しんだであろう、当時の人々の視線の高さで、三方の景色をながめてみてください。

また、地階からは1階の床の構造を見ることができます。ケヤキの梁が2本渡され、東西に11本のヒノキを渡しています。1階の天井は船の底のような形で、柿渋が塗られており、幾分赤みを帯びています。

このように、松本城の天守は連結複合式という唯一の構造をもち、時代の移り変わりが詰まっています。歴史的に重要な意味をもち、見ごたえのある城です。

月見櫓概観　東側から撮影。

移りゆく時代と変わりゆく家紋

黒門(一の門)の軒瓦
おもだか紋が見える。

松本城はたびたび城主が代わり、明治を迎えるまでに6家が務めている。その形跡が最もわかりやすく現れているのが家紋だ。

歴史の激動にさらされ6家が城主となった城

松本城は「松本城」と名が改まってから明治を迎えるまでに、6つの家が城主を務めてきました。これほど多くの城主が治めた城は、全国でも多くはありません。現在の城や城下町で見つけられるその名残が家紋です。たとえば、黒門一の門の屋根を見上げると、いろいろな家紋のついた軒丸瓦が見られます。これは天守解体修理の際に出た、まだ使える瓦を再利用したものです。ここでは、それぞれの家紋を大まかに説明していきます。

城主各家の成り立ちと家紋

まず石川数正・康長親子が掲げた家紋は「笹竜胆《ささりんどう》」です。源氏の代表的な家紋の1つです。石川氏も家伝によるところでは源氏の後裔で、源氏の棟梁・源義家の子、源義時に始まる一族だとされています。室町時代頃から松平氏に臣従していましたが、石川数正が突如秀吉のもとに出奔し、その後、松本の地を与えられました。

歴代城主の家紋

笹竜胆（石川氏）　三階菱（小笠原氏）　はなれ六つ星（戸田氏）　丸に三つ葉葵（松平氏）　黒餅竪木瓜（堀田氏）　丸に立ちおもだか（水野氏）

小笠原氏が掲げたのは「三階《さんがい》菱《びし》」です。底太菱《そこふとびし》や下太菱《しもふとびし》とも呼ばれています。『寛永諸家系図伝』によるところでは、小笠原貞宗が後醍醐天皇に弓術を絶賛され、王の字を家紋として賜ったものの、恐れ多いとして形の似た三階菱を家紋としたのだそうです。

いったん転封し、のちに再度藩主となった戸田氏の家紋は、「はなれ六つ星」です。丸を6つ並べたものです。代々松平氏に仕えてきた一族で、分家には丸を9つ並べた九曜紋を使う大垣藩主戸田家などもあります。戸田康長の頃に、家康から松平姓と葵の御紋（丸に三つ葉葵）の使用を許された、最初の大名としても知られます。

城や城下町の整備に尽力し、月見櫓と辰巳櫓をつくった松平直政は、徳川家康の孫にあたり、家紋は、徳川将軍家の紋でもある、いわゆる葵の御紋です。葵紋はもともと賀茂氏の紋で京都の上賀茂神社・下鴨神社の紋としても知られます。松平氏の興った三河は賀茂信仰と関係の深い地で、そこから松平氏の紋になったようです。

堀田正盛は「黒餅竪木瓜《こくもちたてもっこう》」です。堀出正盛は徳川家光に重用され、老中となり、その子は3家の大名家に分かれていきます。重用されていたためか、この時代に松本藩は最大の石高となっています。木瓜紋は広く使われている紋ですが、もともとは藤原氏や紀《き》氏などの古代豪族が使っていた紋です。堀田氏も藤原氏か紀氏の出だとされます。

水野氏は「丸に立ちおもだか」紋です。水野氏は桶狭間の戦いのあとに家康に臣従し、江戸時代には重用されました。水野氏がおもだか紋を使う理由は定かではありませんが、古代から使われている紋であり、面目が立つという言葉の由来となっていて、矢じりに形が似ることから、縁起物として家紋にする家も多かったようです。

Part 2 松本の城下町を歩く

中町通りに並ぶ、なまこ壁の土蔵

城下町地図

善光寺街道、野麦街道、千国街道が交差し、交通の要所だった松本は、信濃国の経済の中心だった。善光寺街道沿いに発展した「本町」「中町」「東町」の親町三町を中心に、経済の発展の痕跡をたどる。また、当時の名残である道幅や、丁字路、食いちがい、鉤《かぎ》の手などに注目しながら歩くのも、歴史を感じられておもしろい。

女鳥羽川
横田町
➡126ページ
国道143号線
宝栄寺
安原町
➡132ページ
東町
➡120ページ
上土の牢屋跡
松本城
賢忠寺跡
コラム
旧開智学校
➡106ページ
北松本駅
JR大糸線・篠ノ井線

城下 1

松本城下の物資集散地で、問屋が軒を連ねた「本町」

本町通り　千歳橋から見た本町通り。現在も企業や商店が密集して経済中心地となっている。

親町、枝町で構成される町人町

城下町松本の本格的な歩みは、天正10年（1582）の武田氏滅亡後、同氏によって当地を追われていた小笠原氏が返り咲いた頃に始まります。これ以降、豊臣政権と徳川幕府による安曇《あづみ》・筑摩《ちくま》両郡支配の要となり、統治者変遷のなかで城下町の建設と整備が進められました。基礎は寛永

19年～享保10年（1642～1725）の水野氏の治世までに築かれ、以後も改変を加えつつ明治維新に至っています。

善光寺街道に沿ってつくられた松本の城下町は、南北約3・2キロに及びます。ほかの城下町と同様に、町割りは武家地と町人地に分けられていました。

松本の場合、町人地は「親町《おやまち》」と「枝町《えだまち》」からなっています。親町とは善光寺街道に面し、町を治める大名主の住む主軸となる区域で、枝町は親町から分かれ出た区域です。親町三町・枝町十町の計13町が、城下

『天保六年松本城下絵図』（部分）　江戸時代の本町の全体図。本町通りは城下町松本の主要道路だった。（長野県立歴史館蔵）

町松本の町人地の中核部分でした。中枢となる親町でも、本町は物流の拠点、中町は商業地、東町は宿場町として、それぞれがおもな役割をもち機能していました。

松本城の南を流れる女鳥羽《めとば》川に架かる千歳《せんさい》橋（旧大手橋）を起点に、善光寺街道を南下した先の長沢川に架かる緑《みどり》橋（旧袖留《そでとめ》橋）までの町域は、「本町《ほんまち》」と呼ばれています。町人地としての歴史は古く、旧領を回復して城主となった小笠原貞慶《さだよし》が、武田氏の支配した時代から城の北東にあった市辻や泥町周辺の市や町家を、曲輪外《くるわがい》南方の女鳥羽川の南に移して、新たな町人地を形成した旨が『信府統記《しんぷとうき》』に記されています。

本町は江戸時代、各種の問屋が軒を連ねる物資の集積地でした。享保9年（1724）に作成された『本町町屋絵図』からは、米、米以外の穀物、油、枡《ます》、塩、茶、桶、綿、飴など多岐にわたる商品を扱う店に加え、木曽の材木、生坂《いくさか》（現在の東筑摩郡生坂村）の煙草《たばこ》など、自国の特産品を扱う店もあったことがわかります。ここでは城下町松本の経済の中心地であった本町通り（旧善光寺街道）を南下しながら見ていきます。

同心たちの屋敷に通じた「同心小路」

千歳橋から本町通りを南に歩きはじめると、左手（東）に「左大町街道　右せん光寺道」と刻まれた道標が見えてきます。道標を左折して東に延びる通りは、のちに紹介する、親町三町の「中町《なかまち》」（108ページ）です。

道標を過ぎてすぐ右手（西）の奥まったところに小路が見えます。「同心小路《どうしんこうじ》」です。小路は町中に張りめぐらされた細い路地のことです。城下町においては生活道路であるのと同時に、城下に侵攻してきた敵軍を阻み、進撃速度を鈍らせる軍事的機能も有していました。松本では複数ある小路のうち、おもな小路を「二十四小路」と呼ん

同心小路　同心たちはこの小路の奥まった場所にある屋敷に住み、城下の治安維持に携わった。

でいます。同心小路はそのうちの1つです。

この路地が同心小路と命名されたのは、『信府統記』によると元禄9年（1696）、当時の藩主・水野忠直《みずのただなお》がこの区域に同心たちの屋敷を設けたことに由来します。同心とは、上級武士である町奉行の下で、警察任務にあたる軽輩の武士を指し、ここにはおよそ10人の町同心が住んでいました。

公務性を帯びた人々の宿泊先「御使者宿」

同心小路を過ぎてさらに南へ進むと、右手（西）に注連縄《しめなわ》を締めた「牛つなぎ石」が見えてきます。この石を境に西に延びる町並みが、本町の枝町となる「伊勢町」（102ページ）です。

この交差点の東側、信濃毎日新聞松本本社のビルの少し南の辺りには、江戸時代、「御使者宿《おししゃやど》」がありました。御使者とは、幕府からの要人、諸藩からの使者や客人、御用飛脚など公務性を帯びて松本に来た人々に対する総称です。松本藩では御使者が訪れても城内には招き入れず、城下に設けた御使者宿で接待するのが常でした。これは、軍事的最高機密である城の内部を外部の人間に見せないための措置です。御使者は御使者宿以外への宿泊は禁じられ、書状の提出など一切の公務を御使者宿で行いました。

宿の建物は大扉がついた門を構えた、瓦葺きの家屋でした。高い塀で四方が囲まれており、門をくぐれば式台のついた玄関、その奥には御休息の間と上之間がありました。内装は城お抱えの細工師が担当しており、飾り釘隠し、彫刻を施した欄間、塗り縁《ぶち》の襖《ふすま》など、町家では禁止されている豪華な意匠が施されていたといいます。また、門の脇には御用飛脚の宿泊所を備えていました。

延宝2年（1674）から幕末までの約200年間、御使者宿を任されたのは今井家でし

御使者宿跡　江戸時代中頃に御使者宿があったとされる中央2丁目。写真手前の左側辺りに設けられていた。

た。今井家は石川氏の時代から城下町を支配する肝煎《きもいり》役《やく》を務めた町役人最高位の1人です。自宅のほかに御使者宿の中にも私的な部屋をもち、ここに寝泊まりしながら任を果たしました。町人ながら藩行政の一端に関わる役人であるため、城内との行き来は自由であり、藩重臣との直接の対面も許されていました。

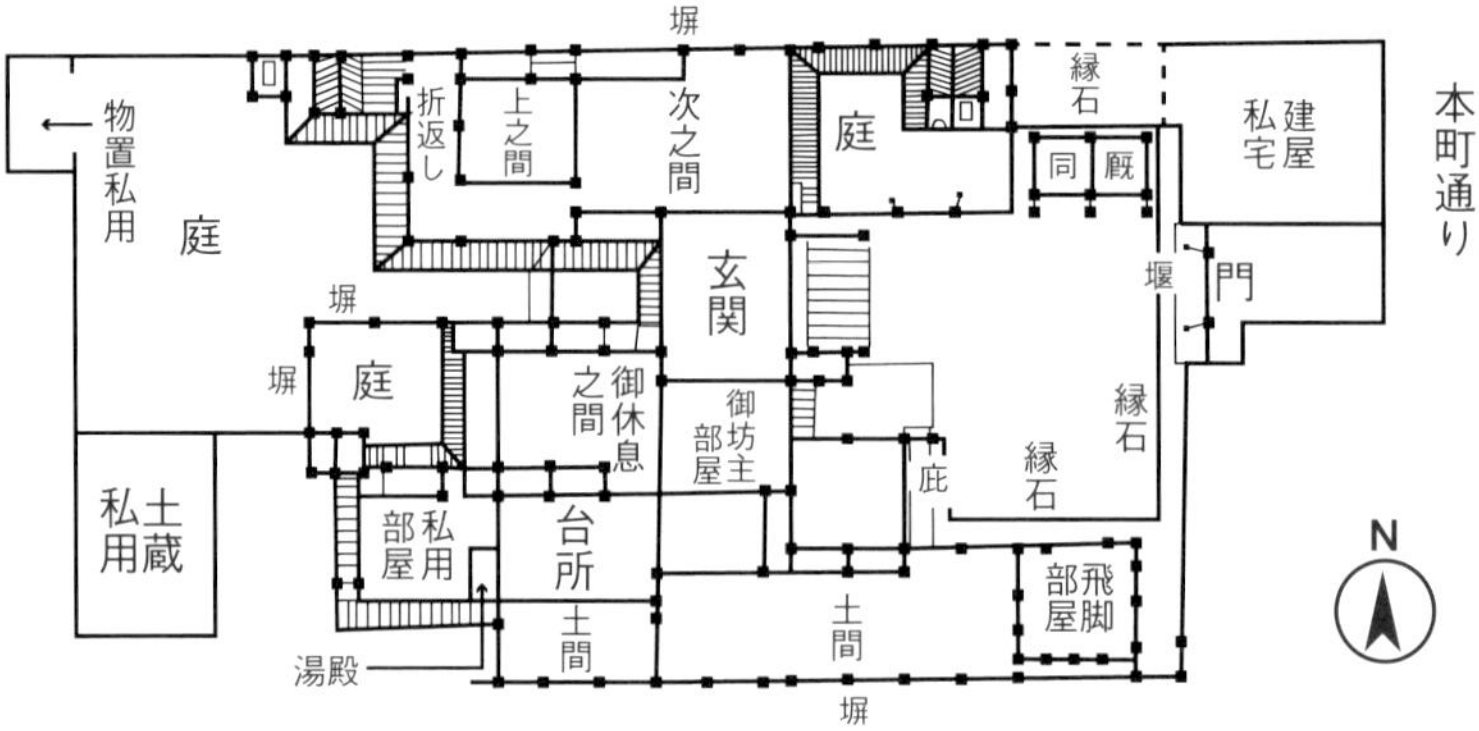

『御使者宿の図』 御使者宿の間取りがわかる『御使者宿の図』（松本市立博物館蔵）をもとに作図。御使者用の部分と今井家の私的な部分が一緒になっているのがわかる。

本町2丁目の御使者宿があった場所は、平成27年（2015）からその翌年にかけ、発掘調査の手が入っています。この調査では伊賀焼風の肥前産水指《みずさし》、天目茶碗《てんもくちゃわん》といった高級茶器に加えて、アワビ、ホタテ、サザエの貝殻など町人地では見られない遺物が出土しており、この場所が本町のなかでも特別な意味合いをもつ区画であったことを裏づける結果になりました。

寛永通宝と松本の「銭座」

このときの調査では、松本で寛永通宝《かんえいつうほう》をつくった形跡が見つかっています。寛永通宝とは寛永13年（1636）から、江戸と近江国（現在の滋賀県）で鋳造が開始された銭貨です。この銭を鋳造する銭座は、翌年に仙台・水戸・松本・越後高田・三河吉田・岡山・萩・豊後竹田の8か所に設けられており、松本藩では寛永13年（1636）年12月に、今井勘右衛門《いまいかんえもん》に鋳造を認可し、翌年から松本でも寛永通宝の鋳造が開始されました。この銅銭は松本で鋳造されたため「寛永通宝松本銭」と呼ばれています。

調査で見つかった寛永通宝は、未完成品や失敗作で

銭座記念碑　まつもと市民芸術館の南側に立つ、寛永通宝をかたどった銭座記念碑。

したが、これらの寛永通宝とともに金属を製錬する際に発生する金属滓《きんぞくさい》も見つかりました。このため、現在の松本郵便局の辺りからあがたの森通りにかけてあった、とされる、松本銭座との関連が取り沙汰され注目を集めました。

なお、深志3丁目にあるまつもと市民芸術館の裏手には、松本に銭座があったことを示す「銭座記念碑」（119ページ）が立てられています。

鋳物職人が住む「鍋屋小路」

本町通りをさらに南下すると、東へ延びる高砂《たかさご》通りが見えてきます。この通りはかつて二十四小路の1つ「生安寺小路《しょうあんじこうじ》」でした。藩政期、この地にあった生安寺（現在は市内の蟻ケ崎に移転）を、この小路から一望できたため命名されました。また、この小路は「ひな小路」とも呼ばれます。これは3月と5月の節句の際、ひな人形を売る店が軒を連ねたためであり、小路には現在も、ひな人形を扱う店舗が複数あります。

高砂通りを過ぎると深志2丁目交差点に出ます。善光寺街道はここで、松本駅からあがたの森公園までを結ぶ、あがたの森通りと交わります。このあがたの森通りには江戸時代、「鍋屋小路《なべやこうじ》」と呼ばれる小路がありました。鍋屋とは鍋や釜をつくる鋳物職人のことで、この地域には4人の鋳物職人がいたとされます。

松本の町人を統括した大名主・倉科家

深志2丁目の交差点を渡って本町5丁目に入ると、

高砂通り（旧生安寺小路）

あがたの森通り（旧鍋屋小路）

右手（西）に小さな飛脚の銅像が見えてきます。松本における郵便局の発祥地であることを示す銅像です。

　この場所には江戸時代、倉科《くらしな》家の邸宅がありました。倉科家は藩と町人の折衝役として、町人地の自治を統括した大名主で、親町三町に置かれた大名主中の最高権威者でした。

　倉科家は本町5丁目に間口27間（約49メートル）という広い屋敷を構え、商いを営むかたわら、本陣と問《とん》屋《や》を兼ねていました。本陣とは参勤交代の大名、勅使、幕府要人などの貴人のための宿泊施設であり、問屋とは商業物資流通の責任者です。倉科家は慶長19年（1614）頃から幕末に至るまで松本の町人地を統括し、藩が出した法令の理解と遵守、戸籍事務、治安維持、願い事や訴訟の藩への取り次ぎ、防災活動、商取引の監督、公用人足の徴発など多くの任をこなしました。

松本郵便局発祥の地の記念碑

　明治に入って郵便制度が発足すると、明治5年（1872）に「松本郵便局」が倉科家邸宅に設けられ、松本における郵便事業が始まりました。手紙は書状集箱に入れられ、飛脚が定められた経路に従って運びました。明治6年（1873）の資料によると、松本から東京までの書状1通の切手代は2銭、所用日数は6日でした。

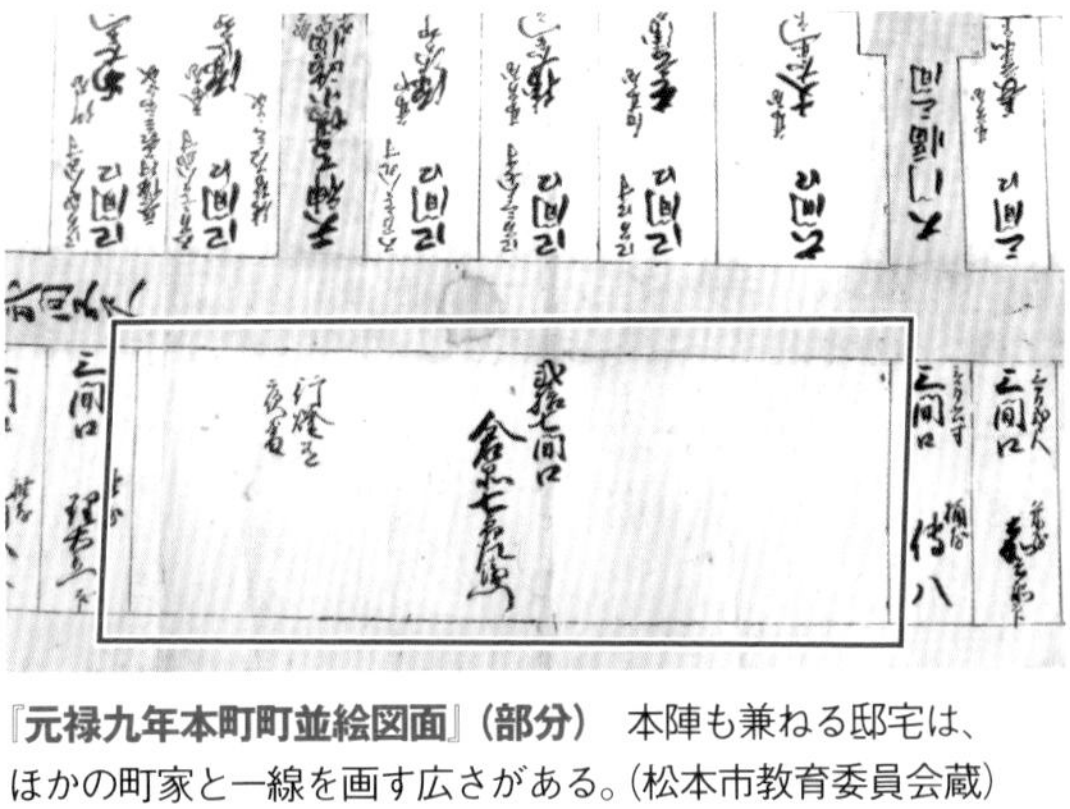
『元禄九年本町町並絵図面』（部分） 本陣も兼ねる邸宅は、ほかの町家と一線を画す広さがある。（松本市教育委員会蔵）

武田信玄が松本に移した「極楽寺」

　松本郵便局発祥の地の記念碑の東対面には、「天神小路」があります。二十四小路に数えられる同小路は、菅原道真《すがわらのみちざね》をまつる天満宮《てんまんぐう》（現在の深志神社）の社《やしろ》が見通せることから、天神小路と呼ばれました。

　天神小路を東へ進みしばらく行くと、右手（南）に「極楽寺」が見えてきます。『松本市史（昭和8年版）』によると、親鸞の弟子・海野重広《うんのしげひろ》が小県《ちいさがた》に開基した寺とされており、武田信玄によって筑摩郡栗林（現在の松本市島立）に移されました。寛永2年（1625）、戸田康長により本町1丁目に移され、さらに明暦3年（1657）、水野忠職《ただもと》により本町5丁目の現在地へ移されました。極楽寺は明治の松本藩の廃仏毀釈に対し、真宗寺院で連合して反対したため難を免れ、現在もその姿を残しています。天神小路の南側、極楽寺の先には小路に沿って「天神馬場」が設けられていました。京都にある右近馬場《うこんのばば》に模して南の堤に桜を植えたこの一帯を、通称天神馬場と呼んだといわれています。

旧名は戦国時代の逸話に由来「緑橋」

　風呂屋小路を抜け右（西）に曲がると、ガードレール下には「長沢川」が流れています。その川沿いに南西へと進んでいきます。途中で川が道路の下を通り見えなくなりますが、そのまま進み、再び本町通りまで出ると、すぐ右手（北）に川があり、そこには「緑橋」が架かっています。

天神小路　小路の入口からは、現在も深志神社の鳥居が見える。

極楽寺

風呂屋小路

長沢川　薄川の支流として市内を流れる長沢川。

緑橋という名は、明治11年（1878）に松本城の大手門の石材を使って橋を架け替えた際につけられたもので、江戸時代には「長沢川橋」あるいは「袖留橋」と呼ばれ、橋の左右には「袖留堀」と呼ばれる堀がありました。この袖留橋という名称は、慶長20年／元和元年（1615）の大坂夏の陣に由来します。

ときの松本城主・小笠原秀政と嫡男の忠脩《ただなが》は、大坂夏の陣に出陣します。次男の忠政《ただまさ》は父と兄の出陣を目のあたりにして、生死をともにしようと決断し、単騎で城を飛び出しますが、この橋まで来たところで母親（乳母とも）に追いつかれてしまいます。母親は翻意《ほんい》を促すべく、鎧《よろい》の下の振袖の袖を握って懸命に説得しますが、忠政は制止を振り切って戦場へと向かいました。母親の手にはこのとき、裂けた袖が握られていたといいます。この逸話から、橋を袖留橋、堀を袖留堀と呼ぶようになりました。

緑橋

またここには、江戸時代、「高札場《こうさつば》」が設けられていました。高札場とは、幕府や領主が決めた基本的法令を墨書し、周知徹底するための高札を掲げておく場所のことです。高札の掲示施設は、明治時代には千歳橋の南へ移され、現在は松本城二の丸に保存されています。

職人町として栄えた枝町「博労町」

松本の城下町は南北に長い構造になっており、南端から北端まで約3・2キロに及びます。緑橋から南端までの街区が「博労町《ばくろうまち》」です。

博労町は本町の枝町であり、松本城下の南の入口でした。馬や牛の売り買いに関わる「馬喰《ばくろう》」と呼ばれる人々が多く居住していたため、古くは「馬喰町」と表記していましたが、元禄6年（1693）に現在の町名に改められ、今に至っています。

ほかの枝町と同様に、職人町としての色彩が濃く、『博労町家並絵図』からは、博労町を構成する全81軒のうち28軒が商家であり、ほかに鍛冶屋8、茶屋5、油屋6、桶屋5、紺屋《こんや》4に加え、紙屋、蕎麦《そば》切り屋、箒屋《ほうきや》、麹屋《こうじや》、足袋《たび》屋《や》などの職人衆と、馬宿が2軒あったことがわかっています。ここではこの博労町を北から南へとたどって行きます。

博労町旧町名の石標　目の前の旧善光寺街道は県道295号線として市内の幹線道路となっている。

「十王堂跡」に現在も残る前かけ地蔵

緑橋を渡って南に進み、3本目の路地を左折(東)すると、「十王堂《じゅうおうどう》跡」に着きます。十王とは冥土《めいど》において亡者の罪の軽重を審議する、閻魔大王《えんまだいおう》など10尊の仏の総称であり、十王堂はこの諸尊をまつる堂宇です。

石川康長は城の鎮護と城下の安全祈願、城下と村落の境として十王堂を4か所に設けたといわれます。博労町の十王堂はそのうちの1つであり、その跡地には前かけを首からかけた前かけ地蔵や、元文5年(1740)の元号を刻んだ石塔が現在も残されています。

十王堂跡を過ぎると「薄川《すすき》」に出ます。薄川は戦国時代に流路が人工的に変更されたといわれています。松本城と城下町の東側から南側へかけて流れる女鳥羽川は、水堀として防御の役割を担っていましたが、この薄川も松本城下町の南を守る水堀の役割を果たしていました。

十王堂跡　堂宇は現存しないが地蔵菩薩や石塔が現在も残っている。

薄川　栄橋の上から撮影。

城下 2

野麦街道起点にして終点、西の玄関「伊勢町」

町名の由来は伊勢信仰との関係

松本平から乗鞍岳《のりくらだけ》山麓の野麦《のむぎ》峠を越えて、西の飛騨高山まで向かう約85キロの道を「野麦街道」と呼んでいます。この街道の松本側の起点となるのが、本町の枝町である「伊勢町」です。

本町から西へと延びる伊勢町は、本町通り（旧善光寺街道）の中央2丁目交差点から、伊勢町交差点をへて、中央1丁目交差点に至る約450メートルが街区になります。松本藩内および信濃国内の地理・歴史を記述した『信府統記』によれば、伊勢町が本町の枝町として整備された時期は、武田氏滅亡後、松本城主として返り咲いた小笠原貞慶が、城下町造成を手がけた時期としています。

もともと「西口」と呼ばれていたこの街区は、小笠原貞慶により改名され、現在の町名となりました。町名の由来については、伊勢神明宮《いせしんめいぐう》が勧請《かんじょう》されたからという説と、伊勢御師《おし》幸田源内が住んでいたからという説があるとされています。伊勢神明宮とは皇祖神天照大御神《あまてらすおおみかみ》をまつる社であり、伊勢御師とは伊勢信仰の普及を生業とする神職のことです。

江戸時代には本町口から西へ上町と下町、もしくは1丁目・2丁目・3丁目と区分され、野麦街道の起点という立地条件を生かして、親町である本町や中町と商売を競い、鍛冶職人の町ともなりました。ここでは野麦街道の起点にして終点となる中央2丁目交差点から、伊勢町通りを見ていきます。

あめ市の起源を語る「牛つなぎ石」

伊勢町への入口となる中央2丁目交差点には、「左せん光寺道　右野麦街道」と示された石柱と、この石柱の北対面には、「戦国遺跡　塩市　牛つなぎ石」と記された石柱と注連縄《しめなわ》を巻いた石があります。石柱は伊勢町通りが野麦街道の起点であることを示す道標で

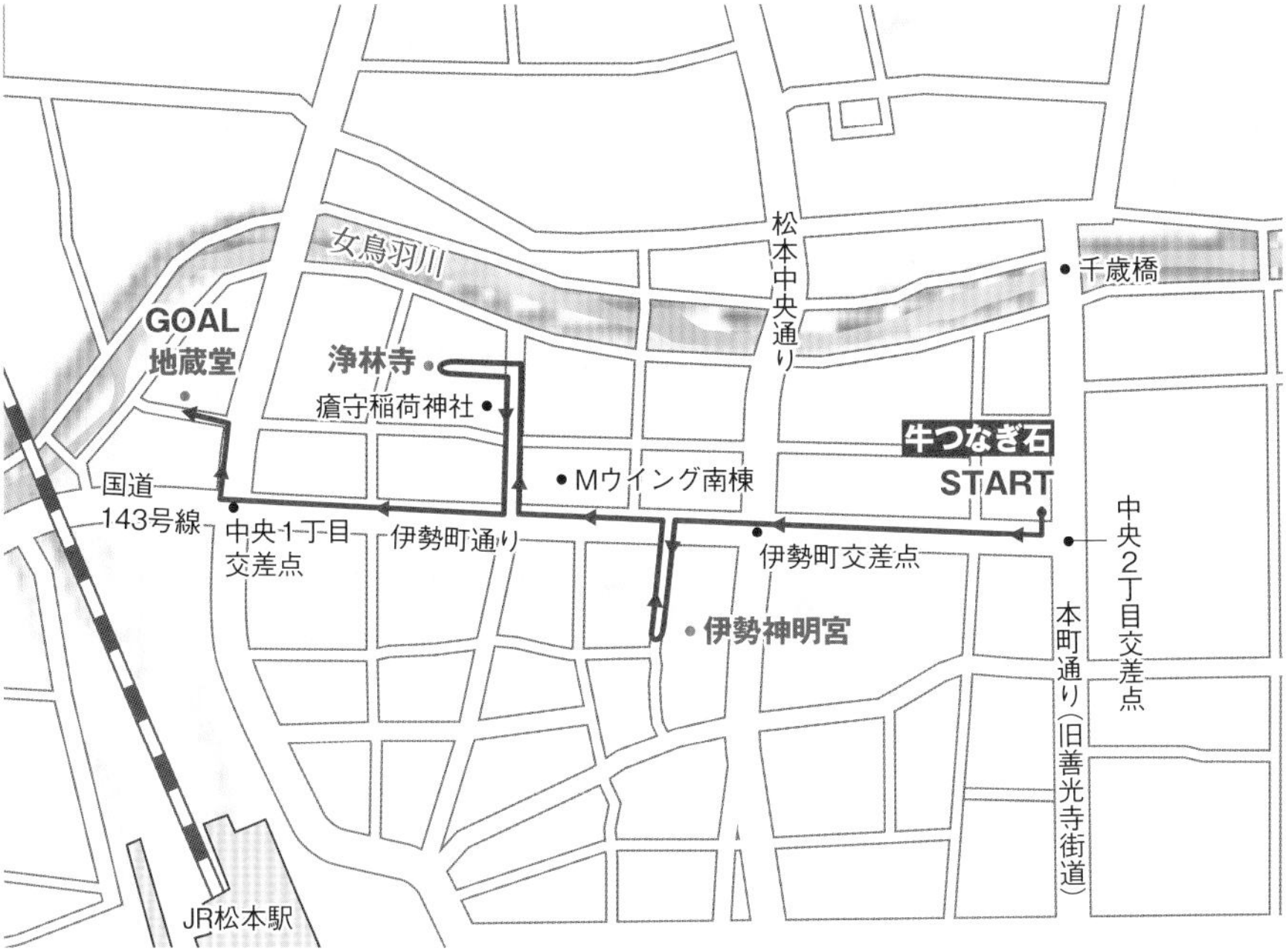

牛つなぎ石　戦国時代の史跡として、松本市のあめ市の起源を現在に伝えている。

野麦街道の起点にして終点であることを示す石柱

あり、「牛つなぎ石」は松本のあめ市の起源を物語る石造文化財です。

ここにはある伝承が残されています。それは松本が武田信玄の支配下にあった戦国時代まで遡ります。信玄と敵対していた今川氏・北条氏が太平洋岸の塩を禁輸した際、同じく信玄と敵対していた越後国《えちごのくに》（現在の新潟県）の上杉謙信が、日本海側の塩を送りました。そのとき、塩を積んだ牛がこの石につながれたといわれています。そこから、この石は牛つなぎ石と呼ばれるようになりました。そして、謙信が塩を送ったことが、「塩市」の始まりだとされています。以来、毎年1月10日と11日に、塩市を開くようになり、これが現在、毎年1月の第1もしくは第2土・日曜に開催される「あめ市」（145ページ）の起源となりました。

伊勢町通り　信毎メディアガーデン3階から撮影。西(写真手前から奥)に延びる伊勢町通りの両側にはビルが立ち並んでいる。

石川家の菩提寺である「浄林寺」

伊勢町通りを西に進んで伊勢町交差点を過ぎると、南に入る小路が現れます。この小路を入ってすぐの駐車場内に、町名の由来の1つである「伊勢神明宮」が鎮座しています。

伊勢神明宮　中央1丁目の駐車場内に鎮座する。全国に浸透した伊勢信仰の痕跡を今に伝えている。

もともとは、神明町の鍛冶小路にまつられていました。

来た道を戻り、再び伊勢町通りに出て、西へと進みます。右手（北）に見えるMウイング（松本市中央公民館）南棟を越えてすぐの道を右（北）に入ります。しばらく歩くと左手（西）に「浄林寺《じょうりんじ》」の山門が見えてきます。

浄林寺　写真右が浄林寺山門。写真左は同じ敷地内にある瘡守稲荷《かさもりいなり》神社。

『信府統記』によると、浄林寺は小笠原氏時代の創建です。石川康長《いしかわやすなが》の代に菩提寺となり、石川数正をまつる廟所《びょうしょ》も建てられました。そして、石川氏改易後も歴代松本城主の帰依を受けました。

来た道を戻り、さらに伊勢町通りを西へと進みます。中央1丁目の交差点を右（北）へ曲がり、1つ目の十字路を左折（西）します。しばらく進むと、分銅《ふんどう》町公民館の脇に小さな社が見えてきます。この「地蔵堂」は、伊勢町西端に置かれた十王堂の名残です。江戸時代前期にこの地蔵堂となりました。

地蔵堂　かつて伊勢町の西端にあった。安置されている地蔵尊には元禄15年（1702）の年号が彫られている。

城下町外に寄り道

松本藩校が前身の国宝「旧開智学校」

旧開智学校　※現在は耐震工事のため休館中。令和6年（2024）秋以降開館予定。

文明開化期ならではの「擬洋風建築」の代表として広く知られる旧開智学校校舎。その前身にあたる松本藩の藩校・崇教館は戸田家によって設立された。明治期においても、戸田家は松本の地における学校の存続に尽力していた。

戸田家の菩提寺が仮校舎の時代もあった

明治9年（1876）に完成した「旧開智学校」校舎は、洋風とも和風ともいえない風貌です。昭和36年（1961）に重要文化財に指定され、さらに令和元年（2019）には、近代学校建築として初めて国宝に指定されました。昭和40年（1965）からは、教育博物館として一般公開されています。

旧開智学校の前身は、江戸時代、松本城下にあった藩校・崇教館《そうきょうかん》です。現在の市役所本庁舎と日本銀行松本支店の間に「明治天皇聖蹟」の石碑があり、碑文の中に崇教館の旧跡地であることが刻まれています。

明治期の廃藩置県後、崇教館は行政区分の変化とともに改称しながら推移していきます。

『信飛新聞　第5号』
全久院の建物を利用した、開校当時の開智学校校舎を描いた絵図。（松本市立博物館蔵）

明治6年（1873）、女鳥羽川左岸にあった戸田家の菩提寺「全久院《ぜんきゅういん》」の建物を仮の校舎として「開智学校」が開校しました。

もともとこの地には、水野氏ゆかりの「春了寺《しゅんりょうじ》」があり、水野家改易で廃されたあとに、松本城に二度目の入封を果たした戸田家が全久院を建立しました。その後、明治期になると廃仏毀釈の機運が高まると、松本藩は徹底して廃仏毀釈を行いました。そこで旧藩主がみずからの菩提寺である全久院を破却し、範を示したのです。

文明開化期ならでは独創的な擬洋風建築

明治9年（1876）に全久院跡地に建設された新校舎が、現在まで残る旧開智学校校舎です。その後、保存のため昭和39年（1964）に女鳥羽川左岸から現在の場所へと移築されました。

旧開智学校校舎を設計施工したのは、松本出身の大工棟梁である立石清重《たていしせいじゅう》です。江戸時代から大工として活躍していた立石は、旧開智学校校舎の設計にあたって東京や横浜の西洋風建築を見学し、その見聞を『東京出府記』という手記に残しています。そして、日本の技術を用いながら独学で洋風建築をつくりました。このように、幕末から明治期にかけて、大工棟梁が見よう見まねで設計した西洋風建築のことを「擬洋風《ぎようふう》建築」と呼びます。

旧開智学校校舎でとくに注目したいのは、望楼のような中央の八角形の塔屋、車寄せに施された雲形彫刻、そしてまるで日本の城のような唐破風《からはふ》屋根です。このような組み合わせはほかの擬洋風建築にも類例がないほど独創的で、文明開化期ならではの建築といえるでしょう。

校舎正面の車寄せ　「開智学校」の看板を支える天使と雲形の彫刻が独創的。

城下 3

土蔵造りの建物が残る「中町」

親町三町の真ん中に位置する中町

千歳橋から本町通りを少し南下すると、東に入る道が出てきます。その角には善光寺街道の石碑が立ち、博労町から本町通りを北へ直進してきた善光寺街道が、ここから先、東へと向かうことを示しています。

この石碑を起点に、東に向かって延びる約400メートルの町並みが、親町三町の1つの「中町《なかまち》」です。ここは、呉服屋や酒造業者の店舗が連なる商店街でした。

現在の中町には、中町通りを挟んで両側に土蔵造りの家々が立ち並んでいます。しかし、これは明治21年(1888)に発生した、本町の極楽寺《ごくらくじ》を火元とする極楽寺大火以降、防火を意識して町の再建を行った結果です。江戸時代の中町には、板葺き屋根の木造商家が軒を連ねていました。ここからは、かつて善光寺街道であった中町通りに沿いつつ、中町を見ていきます。

城下を防衛の痕跡残る2つの小路

中町通りへ入って東へしばらく歩くと、北に延びる狭い路地が見えてきます。「新小路《しんこうじ》」と呼ばれる道です。新という文字が冠せられているのは、江戸時代中期に新たに敷設されたためです。この新小路は女鳥羽川に架かる「中の橋」と中町をつないでいます。

さらに東へ進むと、次は「一ツ橋小路《ひとばしこうじ》」という北に延びる路地が見えてきます。中町と一ツ橋を結ぶ小路であり、新小路ができる以前は、城に通じるただ1つの小路でした。藩御用達の商人衆は、この小路を通って一ツ橋を渡り、東門から城内に入っていたといいます。

この新小路と一ツ橋小路は、橋を介して武家地と町人地を直接つないでいました。そのため、小路には守りの工夫が施され、防衛機能の一端を担っていました。小路は橋で武家地と町人地をつなぐかたわら、中町と

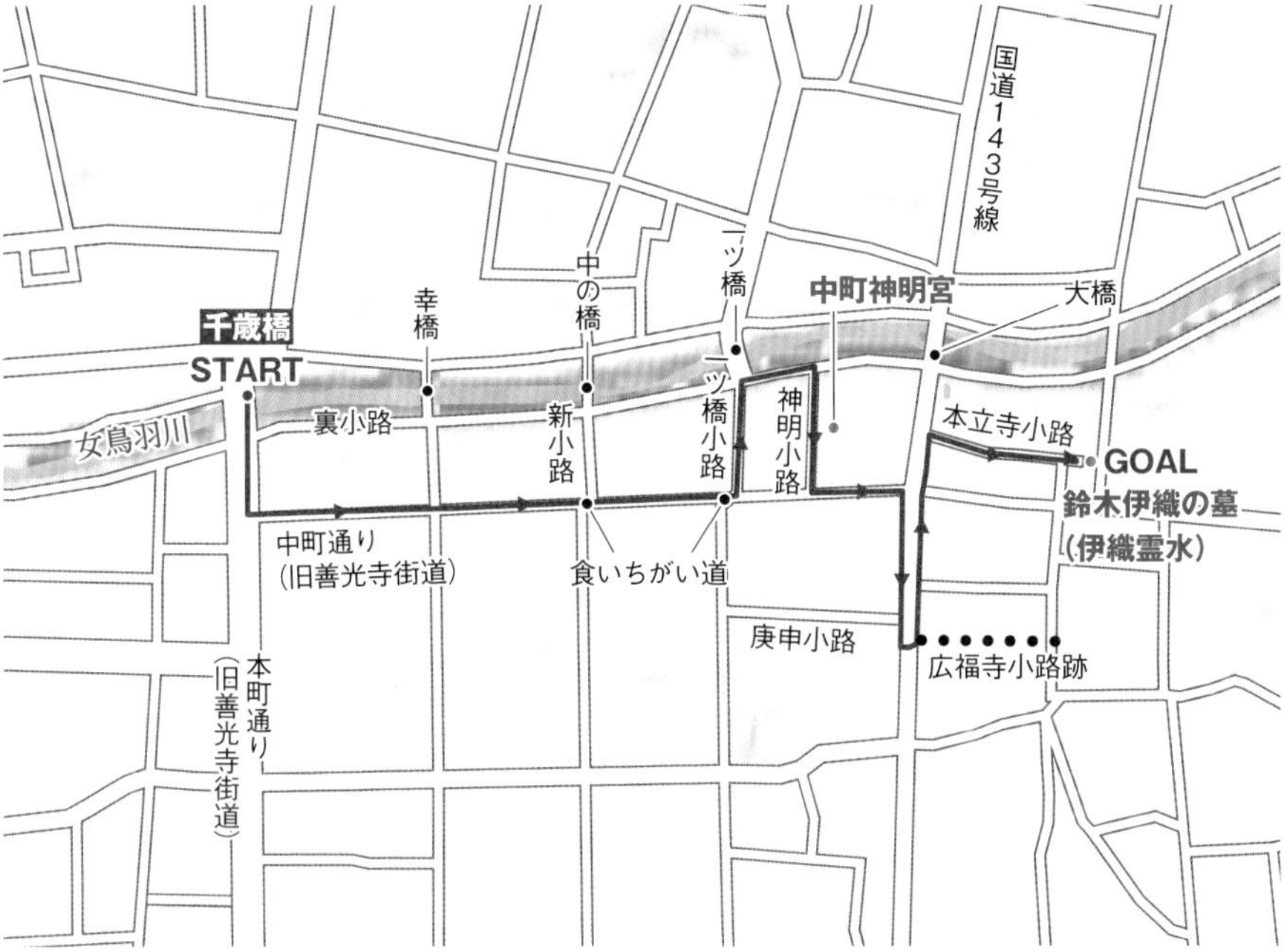

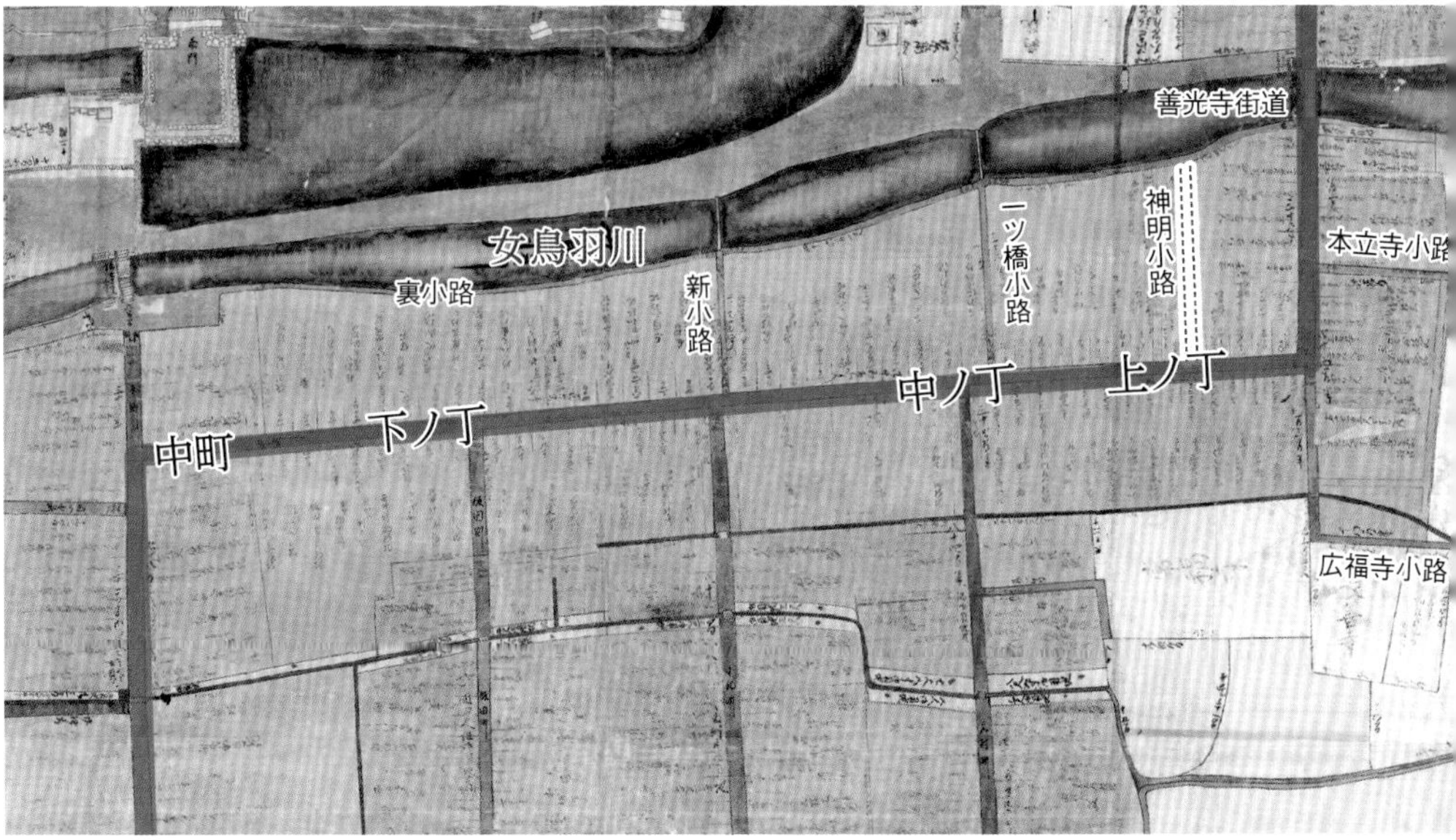

『天保六年松本城下絵図』(部分)　江戸時代の中町の全体図。町域は下ノ丁、中ノ丁、上ノ丁に区分されていた。善光寺街道は本立寺手前で北に向かう。(長野県立歴史館蔵)

その枝町である小池町・宮村町をつないでいます。この連結部が「食いちがい道」となっています。

食いちがい道とは、道の出入口を互い違いにずらした道のことです。中町の場合、小池町・宮村町を北上して武家地に迫る敵軍は、中町通りに出るや東へ直角に曲がり、さらに北へ直角に曲がってから新小路か一ツ橋小路に入らなければなりません。進撃速度の低下を強いられ、その先の道も狭いので大軍で一気に突っこむこともできません。守る側としては、小路に伏兵を潜めて、進撃速度の衰えた敵を迎撃することもできるというわけです。道路構造から、武家地への容易な侵入を阻むという狙いがあったと考えられ、松本の軍事都市としての痕跡を確認できます。

犀川通船が通り、魚屋が並んだ「裏小路」

一ツ橋小路を北へ進むと、女鳥羽川沿いの東西に延びた「裏小路《うらこうじ》」へと出ます。江戸時代の松本は、信濃国の一大経済拠点として栄えました。

嘉永2年（1849）に刊行された『善光寺道名所図会』によれば、当時の松本の様子を「城下の町広く、

中町通り　土蔵造りの建物は明治時代に大火を経験して以降、防火のためにつくられるようになった。

一ツ橋小路　新小路ができるまで、商人たちはこの小路を通って武家地へと出入りした。

新小路　『信府統記』は貞享年間（1684～88）、中町の大和孫四郎の願いにより、屋敷の敷地内に新小路を開けた旨を記す。

食いちがい道　中町通りに残る食いちがい道。写真左は小池町と中町通りをつなぐ食いちがい道。奥が小池町で、手前が新小路。写真右は宮村町と中町通りをつなぐ食いちがい道。奥が一ツ橋小路で、手前が宮村町。

大通り十三街、町数およそ四十八丁、商家軒を並べ、当国第一の都会にて信府と称す。相伝ふ牛馬の荷物一日に千駄《せんだ》つけ入りて、また千駄つけ送るとぞ、実に繁昌の地なり」と活写しています。

江戸時代後期の松本では、物流活性化を促すための通船計画「犀川通船」が行われていました。その通船が通っていたこともあり、この裏小路には魚屋がたくさん並んでいました。

女鳥羽川

裏小路　この通りには、魚屋が軒を連ねていた。

松本の物流を支えた「中馬」

犀川通船の輸送路は、中信地域の中心となる松本平と、北信地域の中心となる善光寺平を結んだ河川です。女鳥羽川を起点に、田川、奈良井《ならい》川、犀川へと北上し、水内郡新町（現在の長野市信州新町地区）に至りました。

犀川通船の記念碑　松本平の物流は、犀川通船によってより活性化された。

道路整備が遅れ、馬車などの車が発展しなかった日本において、江戸時代の大量輸送の中心はこのような舟運《しゅううん》でした。

しかし、松本で犀川通船が始まったのは江戸時代後期のことで、松本の物流の主体は別にありました。

それが「中馬《ちゅうま》」です。これは、馬に荷物を背負わせて運ぶという物資輸送システムで、海岸線がなく、川上の激流が多いため舟が使えなかった信州で発達したシステムでした。

中馬が支えてきた松本の流通に、犀川通船が加わったことで、松本の商業は更なる発展を遂げます。鉄道が敷設されて以降も、犀川通船は重要な輸送手段として重宝され、大正時代に入ってからも一ツ橋の近くに

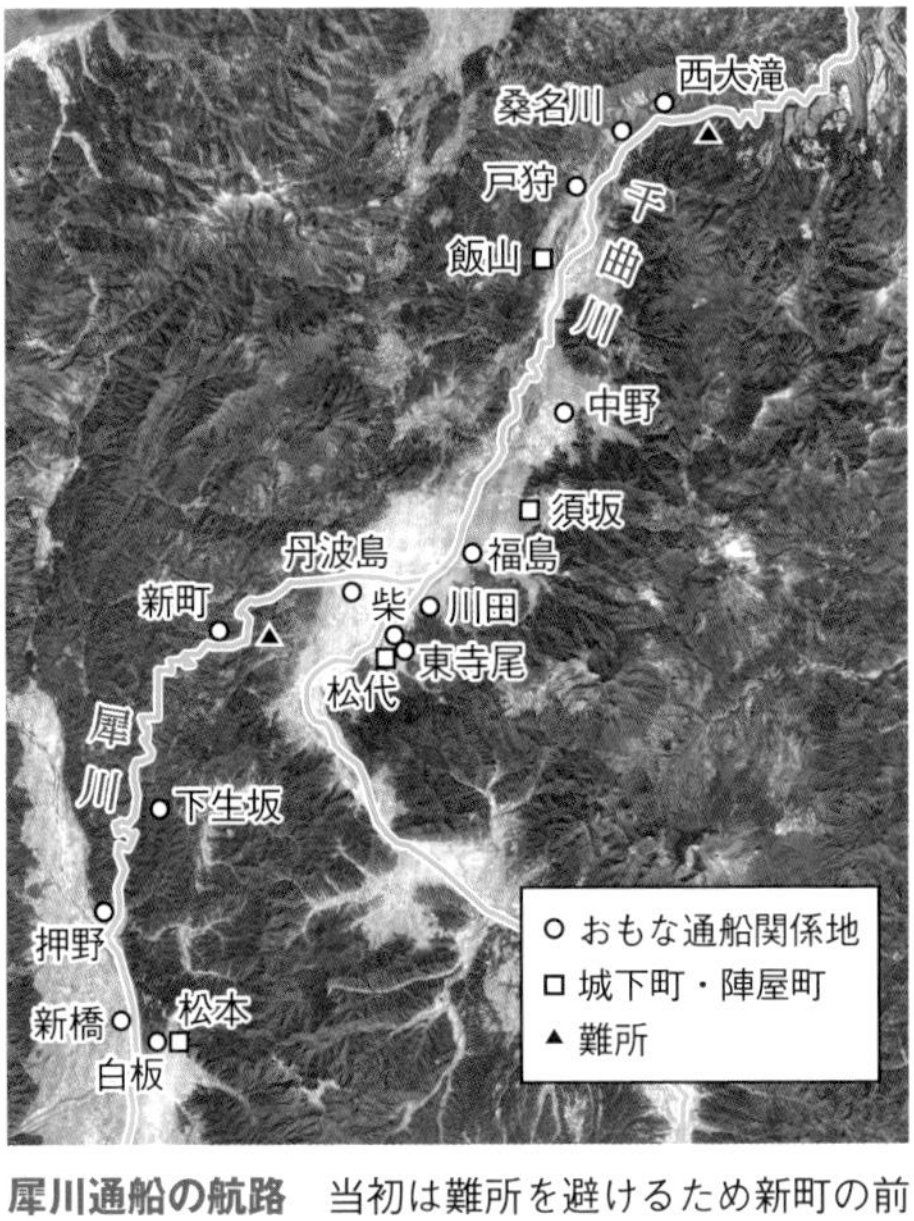

犀川通船の航路　当初は難所を避けるため新町の前で停泊したが、水路は後に善光寺平まで延長された。

は船着き場があったといわれています。

中町の守護神が鎮座する「神明小路」

裏小路を東に進むと、南に入る小路が右手に見えてきます。なまこ壁の土蔵が両側に立ち並ぶこの小路は、「神明《しんめい》小路《こうじ》」と呼ばれています。この名は、小路のなかほどに鎮座している「中町神明宮」に由来します。

社伝によると、中町神明宮は鎌倉時代末期に越後国（現在の新潟県）から勧請され、伊保野弥太郎および伊勢松親子が小さな祠《ほこら》を建て、伊勢大神をまつったことが始まりとされます。江戸時代には中町の守護神として、人々から厚い信仰を集め、南深志（現在の中町一帯）とその周辺がほとんど焼失した明治21年（１８８８）の大火では、その猛火も神明宮で食い止められ、鎮火したと伝えられています。毎年7月1日には中町神明宮祭が執り行われています。

中町神明宮　防火に御神徳ありとして厚く信仰された。

神明小路

今は見ることができない「広福寺小路」

神明小路を南へ下り、中町通りを左（東）へと進みます。しばらくすると十字路に出ますが、これを右(南)に折れ、少し進んだ右手には、「庚申《こうしん》小路《こうじ》」があります。庚申小路を越えた左手（東）には、かつて「広福寺《こうふくじ》小路《こうじ》」という小路がありました。

現在は道がなく、当時の面影を見ることはできませんが、元禄期の松本城下を描いた『元禄期松本城下絵図』を見ると、広福寺小路と、その南にある常福寺や長善寺、広福寺の存在が確認できます。広福寺小路は、これらの寺に通じる小路だったと考えられます。『元禄期松本城下絵図』には、広福寺小路、一ツ橋小路、裏小路のみが描かれ、新小路や神明小路といったほかの小路は見当たりません。『享保十三年秋改松本

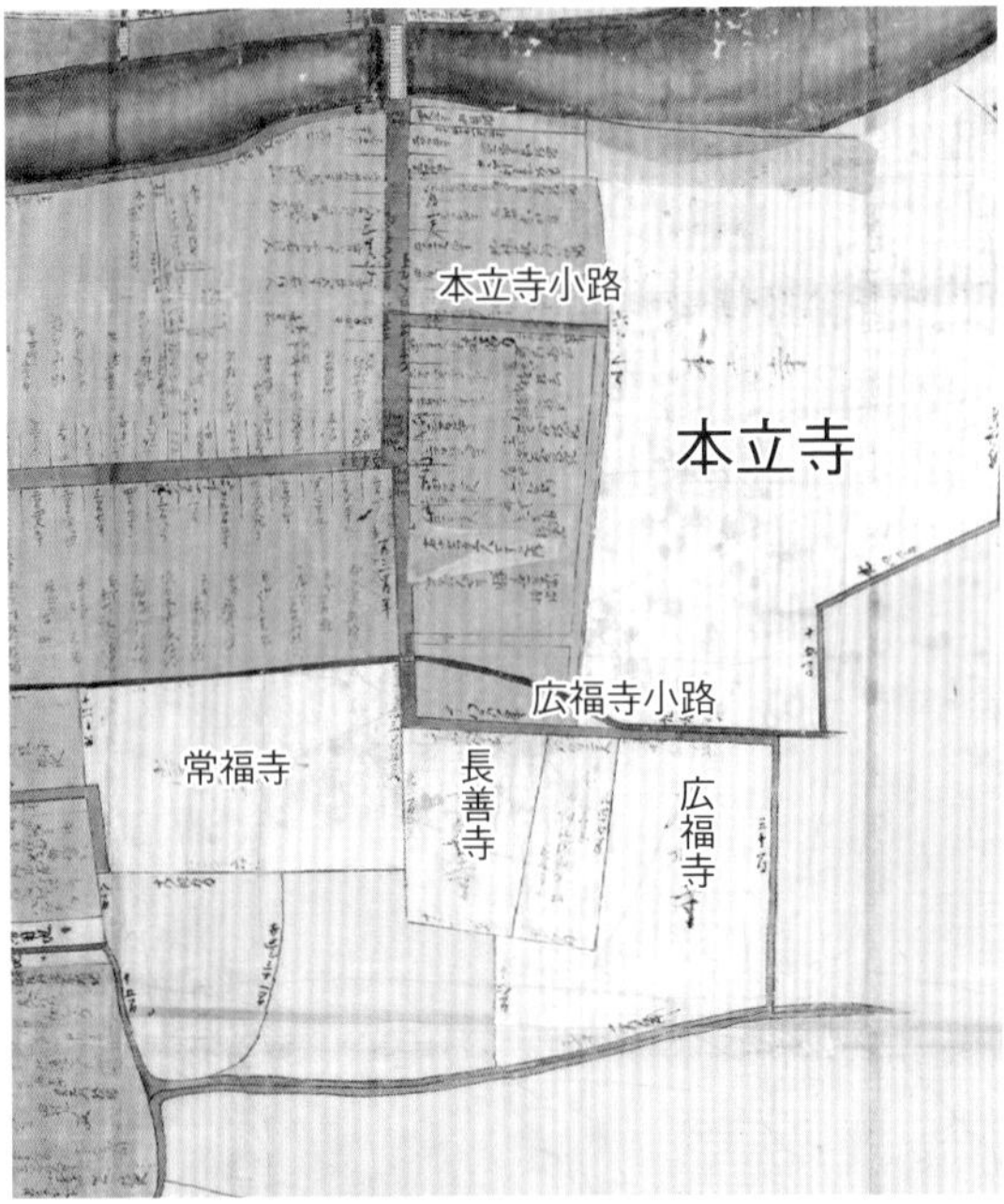

『天保六年松本城下絵図』（部分）
絵図には広福寺小路、その南には常福寺、長善寺、広福寺が描かれている。（長野県立歴史館蔵）

城下絵図』『天保六年松本城下絵図』と見比べると、のちに新たに小路がつくられ、広福寺小路、一ツ橋小路、裏小路はかなり古くからあったことがわかります。

旧本立寺境内に残る鈴木伊織の墓

来た道を戻り、十字路を北へ進みます。しばらくして右手（東）に見えてくる小路が「本立寺小路《ほんりゅうじこうじ》」です。中町で最も奥まった場所にある本立寺小路は、慶長年間（１５９６〜１６１５）の末、松本藩主小笠原秀《おがさわらひで》政《まさ》の母親の菩提寺として建立された「本立寺」の参道にあたります。同寺は明治5年（１８７２）に廃寺となりましたが、かつて境内のあった場所には、貞享騒動と関係の深い鈴木伊織《すずきいおり》の墓が残されています。

貞享騒動とは、貞享3年（１６８６）、松本藩領安曇・筑摩の両郡に起こった農民一揆であり、一揆を主導した中萱村《なかがや》（現在の安曇野市三郷明盛）の元庄屋・多田《ただ》

本立寺小路

鈴木伊織の墓と伊織霊水　貞享騒動で農民の側に立って奔走した伊織の遺徳を今に伝えている。

加助《かすけ》の名を冠して、加助騒動と呼ばれることもあります。松本藩の過酷な年貢徴収に抗議するため、近隣農村から松本城下に万余の農民が押し寄せるという大騒動となりましたが、松本藩が強権を発動し、加助ら28名を処刑して鎮圧しました。

　松本藩士の鈴木伊織は、一揆に際し、加助ら農民の助命嘆願に奔走した人物です。このため農民からは絶大な信頼を得ていました。元禄3年（1690）に死去した際には、「伊織死亡候につき同家に悔《くや》みに参る事不罷成候《まかりならずそうろう》」という高札が出されたほどです。墓のかたわらには「伊織霊水」と呼ばれる湧水が湧き出ています。

多田加助座像　裕福な豪農であったが、農民の困窮を見るに見かねて決起し、処刑された。（貞享義民記念館蔵）

町名が町の歴史を物語る「中町の3枝町」

碁盤の目状につくられた町割り

中町の南には、「飯田町《いいだまち》」「小池町《こいけまち》」「宮村町《みやむらまち》」と呼ばれる中町の枝町《えだまち》がありました。成り立ちは古く、小《お》笠原貞慶《がさわらさだよし》が、東町・中町の地割りを行った際、3街区の町割りも行われた旨が、『信府統記』に記されていますが、本格的な建築は慶長18年（1613）に飯田から再度入封した小笠原秀政《ひでまさ》によって行われました。そして、水野氏が統治していた寛永19年～享保10年（1642～1725）に、枝町としての基礎が整えられました。

飯田町

小池町

中町3枝町の特徴は、南北に通じる3本の道によって区切られた長方形の短冊状《たんざくじょう》の街区を、東西に本町の小路が2本横切り、碁盤の目状になっているという点です。3枝町が人工的につくられたことを実感させる町割りです。ここでは飯田町・小池町・宮村町を西から順に見ていきます。

町の南端に置かれていた「木戸番所」

中町通りに入り、1つ目の十字路を南下します。この通り沿いが飯田町です。河辺文書《かわべもんじょ》の「松本記」によると、町名は、慶長18年（1613）に小笠原秀政が、飯田から松本に移った際、飯田から伴ってきた侍衆や奉公人・職人を、この区域に住まわせたことに由来すると記されています。享保年間（1716～36）には70軒の家屋が軒を連ね、おもに鋳物師《いもじ》、紺屋《こんや》、石屋、鍋屋などの職人衆が住んでいました。

あがたの森通りを渡り、さらに南へ進むと、「天神《てんじん》小路《こうじ》」にぶつかります。天神小路と接する町の境には、「木戸番所《きどばんしょ》」が設けられていました。木戸は、治安を維持する施設として要所に設けられ、町人地と武家地を区切る役割ももっていました。しかし宮村町の武家地は、城下町建設当初から町人地の中に配置されていました。そのため、天神小路に接する宮村町、小池町、飯田町の南の入口には木戸が設けられ重要視されていたようです。

町の氏神は火防に霊験ある「秋葉神社」

天神小路を左（東）に折れ、東へ進みます。1つ目の十字路を北へと入り、通り沿いに小池町を見ていき

秋葉神社　火防に霊験あらたかとして、現在は小池町の氏神となっている。

ます。町名の由来は街区内に小さな池があったからとする説と、秀政が街区の南半分を奉公人衆の屋敷にした際、街区内にいた小池甚之丞《こいけじんのじょう》という軍学兵法の達人の名にちなんだという説があります。飯田町と同じく、紺屋や桶屋などの職人衆が多く住んでいました。

通りに入りしばらく歩くと、左手（西）に鳥居が見えてきます。鳥居をくぐった先が「秋葉神社」です。江戸時代、この町内で煙草の売買に携わっていた人が勧請《かんじょう》して以来、この地に鎮まった火防の神です。小池町では同神を氏神としています。

先ほどの通りをさらにまっすぐ北へ進み、中町通りまで出ます。右（東）に折れ、今度は宮村町を見ていきます。

職人町としての色彩が濃い宮村町

宮村町は中町3枝町のなかでも、とくに職人町としての特色が顕著です。元禄10年（１６９７）につくられた『宮村町家主間数絵図』によれば、全48軒のうち桶屋、研屋《とぎや》、檜物屋《ひものや》、仕立屋《したてや》、木挽《こびき》、屋根屋など職人衆がほとんどを占め、商家は2軒のみだったことがわかっています。

宮村町

常福寺跡に建つ厄除北向観音堂

通りを南に進むと、東に延びる「庚申小路《こうしんこうじ》」が見えてきます。小路の名称は、かつてこの場所に庚申信仰に伴う庚申堂があったことに由来します。また、江戸時代、庚申小路沿いには「常福寺」という寺院がありました。現在、寺は残っていませんが、境内跡地には複数の墓石が残り、厄除北向観音堂《やくよけきたむきかんのんどう》が立っています。

『善光寺道名所図会』が絶賛した湧水

庚申小路を東へ進み、大橋通り（国道１４３号線）を右（南）に曲がりまっすぐ進むと、大橋通りは高砂通りと交差します。右折（西）してしばらく進むと、左手（南）に「源智《げんち》の井戸」があります。

この井戸は松本に城下町が形成される以前から、飲用水として使われてきました。町人地の生活用水として欠かせないことから、文禄3年（1594）には、石川康長が制札《せいさつ》を出しています。制札とは禁止事項を箇条書きにしたもので、不潔な手桶や曲物《まげもの》で水を汲む、洗い物をする、汚いものを入れるなどの行為が、厳禁とされました。

嘉永2年（1849）に刊行された『善光寺道名所図会』では、源智の井戸を「当国第一の名水」と評し、川係同心《かわかがりどうしん》が井戸を見回りしている様子を、挿画《そうが》として描いています。山々から集まってきた地下水が豊富な松本の城下町周辺では、井戸や湧水が数多く見られます。平成20年（2008）には、「まつもと城下町湧水群」が「平成の名水百選」に選ばれました。源智の井戸は、その代表となる井戸です。

源智の井戸　湧水は多くの松本市民に愛され、汲みに来る人があとを絶たない。

深志神社　本殿には宮村宮と天満宮があり、建御名方富命と菅原道真公を祭祀している。

諏訪神と天神が鎮座する「深志神社」

源智の井戸をあとにし、高砂通りを西へ進み、1つ目の十字路を左折（南）します。南へまっすぐ進み、天神小路を左（東）へ曲がると、その先には「深志神社」が鎮座しています。

この神社はもともと「宮村大明神《みやむらだいみょうじん》」と呼ばれ、南北朝時代の延元4年／暦応2年（1339）に信濃国《しなののくに》守護《しゅご》小笠原貞宗《さだむね》が、諏訪から建御名方富命《たけみなかたとみのみこと》を勧請したのが最初といわれています。宮村町という町名は、街区内にこの神が鎮座していることに由来しています。天神として知られる菅原道真の分霊は、慶長19年（1614）に合祀されました。

ちなみに、この深志神社の裏（東）には「まつもと市民芸術館」があります。その南側には、97ページで紹介した、松本に寛永通宝を鋳造した松本銭座があったことを示す「銭座記念碑」が立っています。

武家地と町人地の境界で、宿場町として栄えた「東町」

相談窓口としての役目もあった旅籠

　現在は国道１４３号線が通っている東町通りは、商店が点在するほかは民家の並ぶ、地方都市らしい町並みです。しかし、江戸時代には、旅籠《はたご》14軒のほか、関連する酒屋と酒づくりに必要な麹屋をはじめ、油屋、塩屋、薪屋、小間物屋などの商店が並んでいました。さらに、桶屋、大工、塗師などの職人の家まであったといいます。『信府統記』では、南北に6町24間（約１５２・６メートル）、道幅3間半（約6・36メートル）の街道沿いに、１６５軒の家があったといいます。

　親町三町である東町はおもに宿場としての機能を担っていました。現在の東町通りは、かつて善光寺街道と呼ばれ、中山道から分かれて北上し、長野市にある善光寺に参拝するための中継地でした。善光寺街道は、篠ノ井追分宿から北国街道につながりますが、北西方向に進む千国街道、西の飛騨に向かう野麦街道などが松本城下で分岐していました。

東町　国道143号線と女鳥羽川（大橋）の交差地点から北方が東町。

　東町の旅籠は、ただ人を泊めるだけでなく、藩内の町村から城下に請願や訴訟をもち込む、相談窓口がありました。こうした地域の相談窓口となる宿を「郷《ごう》宿《やど》」といい、旅籠を営んでいなくても相談役となっていた家もあったようです。

現在の街並みでも、古い商家を改装した店舗などが見られます。ところどころで感じられる、宿場町として栄えた町の名残を味わいながら東町を見ていきます。

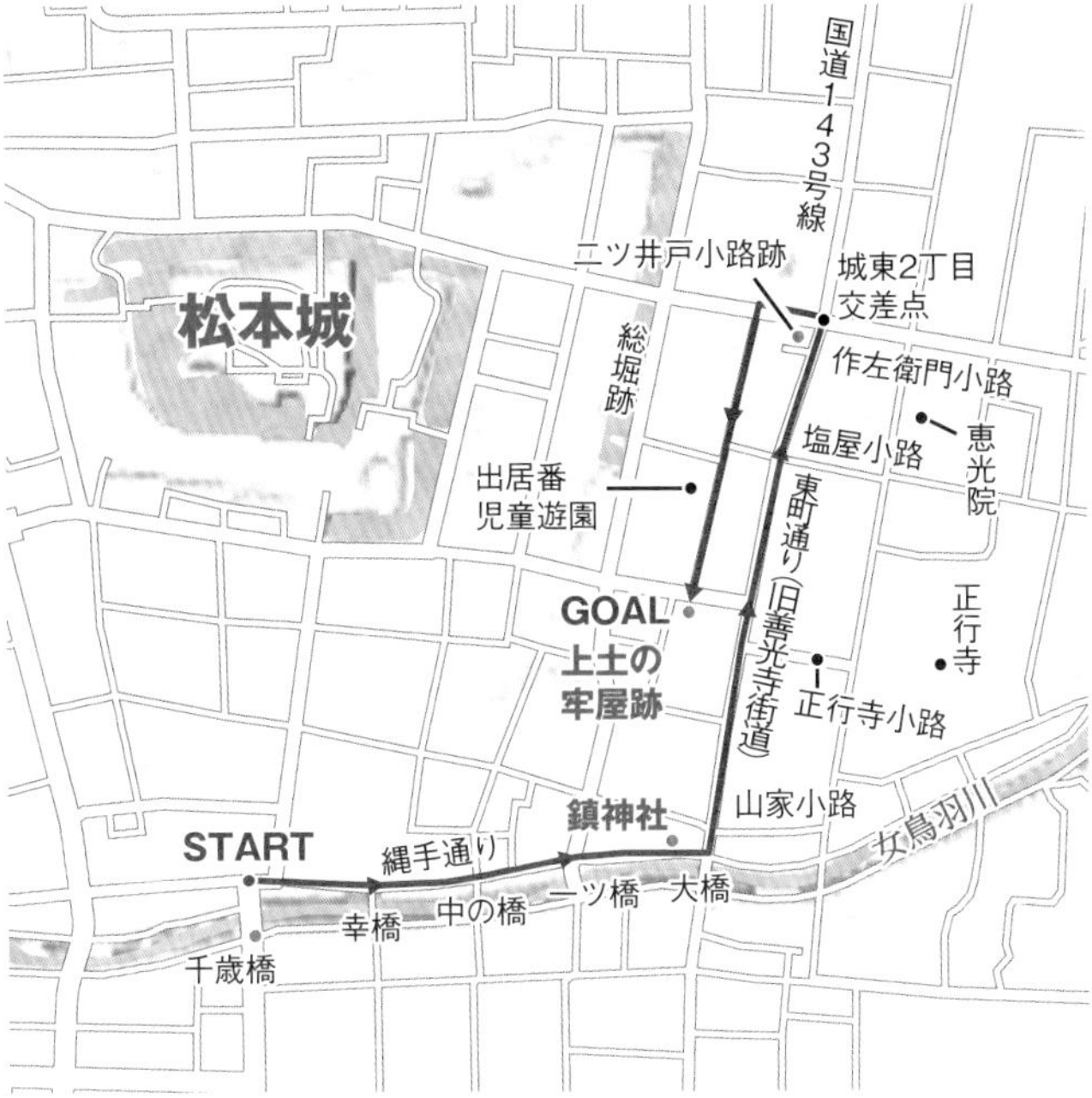

女鳥羽川を鎮める「鎮神社」

千歳橋から女鳥羽川沿いにある「縄手通り」を東へ進みます。四柱神社の大鳥居を過ぎ、「幸橋《さいわい》」「中の橋」「一ツ橋」を越えると、左手（北）に「鎮《しずめ》神社」が見えます。

女鳥羽川は、北の三才《みさ》山を源流とし、浅間温泉郷の

鎮神社

脇を南下して、東の清水橋付近から西へと向きを変えています。もともとはもっと西側を南北に流れていたようですが、人工的に東西へと流れを変え、堀の役目をもたせて、城の南の防御性を高めようとしたと考えられます。

しかし、松本城下の堀であり、水運を担う女鳥羽川の東西の流れは、川幅が狭いため大雨で頻繁に氾濫していました。そこで、治水の神である罔象能売命《みずはめのみこと》をまつり、守り神としたのがこの鎮神社です。

鎮神社から東に進み、最初の十字路を左（北）に折れると、東町通りが延びています。この通りの一帯が「東町」です。

東に向かって分かれる小路

東町通りを北へ進み、最初に右手（東）に見えてくるのが「山家小路《やまべこうじ》」です。東の山辺に通じる道で、もとは「紺屋町」と呼ばれていました。その後、鍛冶職人が移り住んだことで「鍛冶町」となり、享保年間（1716〜36）から山家小路と呼ばれるようになったといいます。江戸時代後期に、鍛冶町の名称で定着しま

鍛冶町という町名の名残

山家小路

塩屋小路　東町通りから入って東。

正行寺小路　東町通りから入って東。

したが、小路の名は山家小路のまま残りました。
さらに北に進むと、右手（東）に「正行寺《しょうぎょうじ》小路《こうじ》」が見えてきます。山家小路より道幅が広く、石畳の歩道が整備されています。小路の突き当たりにある、正行寺へ向かう参道です。道幅の広さから、当時のにぎわいが感じられます。このまま東へ進むと正行寺にたどり着きますが、そちらへは向かわず、まずは東町通りを直進します。

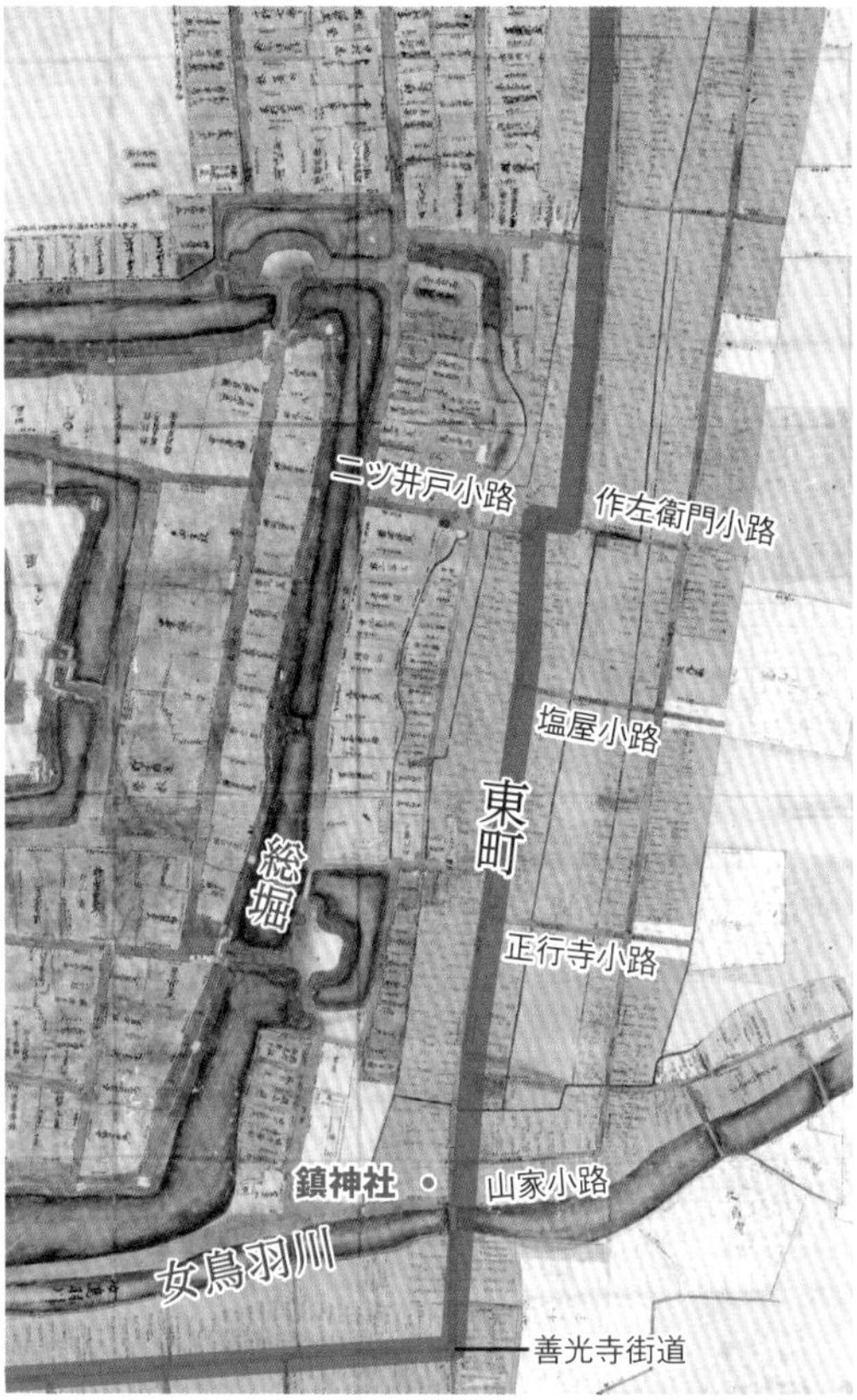

『天保六年松本城下絵図』　江戸時代の東町の小路は、東へ延びる小路に比べて、西（城側）へ延びる小路がかなり少ない。（長野県立歴史館蔵）

正行寺小路の次に右手（東）に見えてくるのが「塩屋小路《しおやこうじ》」です。こちらは東の恵光院へと至る道ですが、小路の名は、塩屋孫兵衛という豪商が住んでいたことに由来します。この小路にあった井戸が海に通じていて、塩をつくり供給する老翁が現れたという伝説もあるといいます。

塩屋小路を過ぎ、さらに北へ進むと丁字路に行き当たります。この右（東）へ向かう道が、かつての「作左衛門小路《さくざえもんこうじ》」でした。小路の名は、名主の萩原作左衛門がこの道を開通させたことからつけられています。

ここまで、東町通り沿いに、東へ延びる小路を見てきました。現在の通りには、西へ延びる道もいくつかありますが、藩政期の松本城下を描いた絵図を見ると、東町の西（城側）にはあまり小路がありません。一方で東側にいくつもの小路が枝分かれしているというのが、東町の特徴的なところでした。

作左衛門小路　写真奥（東）へ延びる道が作左衛門小路。

また、東町通りを挟んだ東西の小路はまっすぐ通っておらず、あみだくじのように食いちがっていました。これは、敵が一直線に城に押し寄せないよう、あえて複雑な区分けをしているためで、中町でも見られた「食いちがいの道」です。東町散策では、この小路めぐりが見どころといえます。

武士の番所が置かれていた「出居番町」

作左衛門小路から東町通りを西へ渡ってすぐの建物の南側に、細い道があります。これは「二ツ井戸小路」です。現在は民家などがあるため通り抜けできませんが、通りの名を記した石柱が入口に立っています。

城東2丁目交差点から西へ進み、しばらくすると左（南）に入る道が見えてきます。その南へ延びた通り沿いには、かつて「出居番町《でいばんまち》」がありました。

この場所は松本城の東側に位置し、この通りの一本西の通りは、松本城の総堀跡に面しています。東側の総堀に面した武家屋敷の町は、道の東側だけに家並みがあったことから「片端町《かたはまち》」と呼ばれました。そして、その裏手にあたるこの通り沿いには、口々番所や筏番所が置かれ、交代で番にあたる下級武士が暮らしていました。

番所が置かれていたのが出居番町の北端で、この通

出居番町の旧町名を示した石柱

二ツ井戸小路

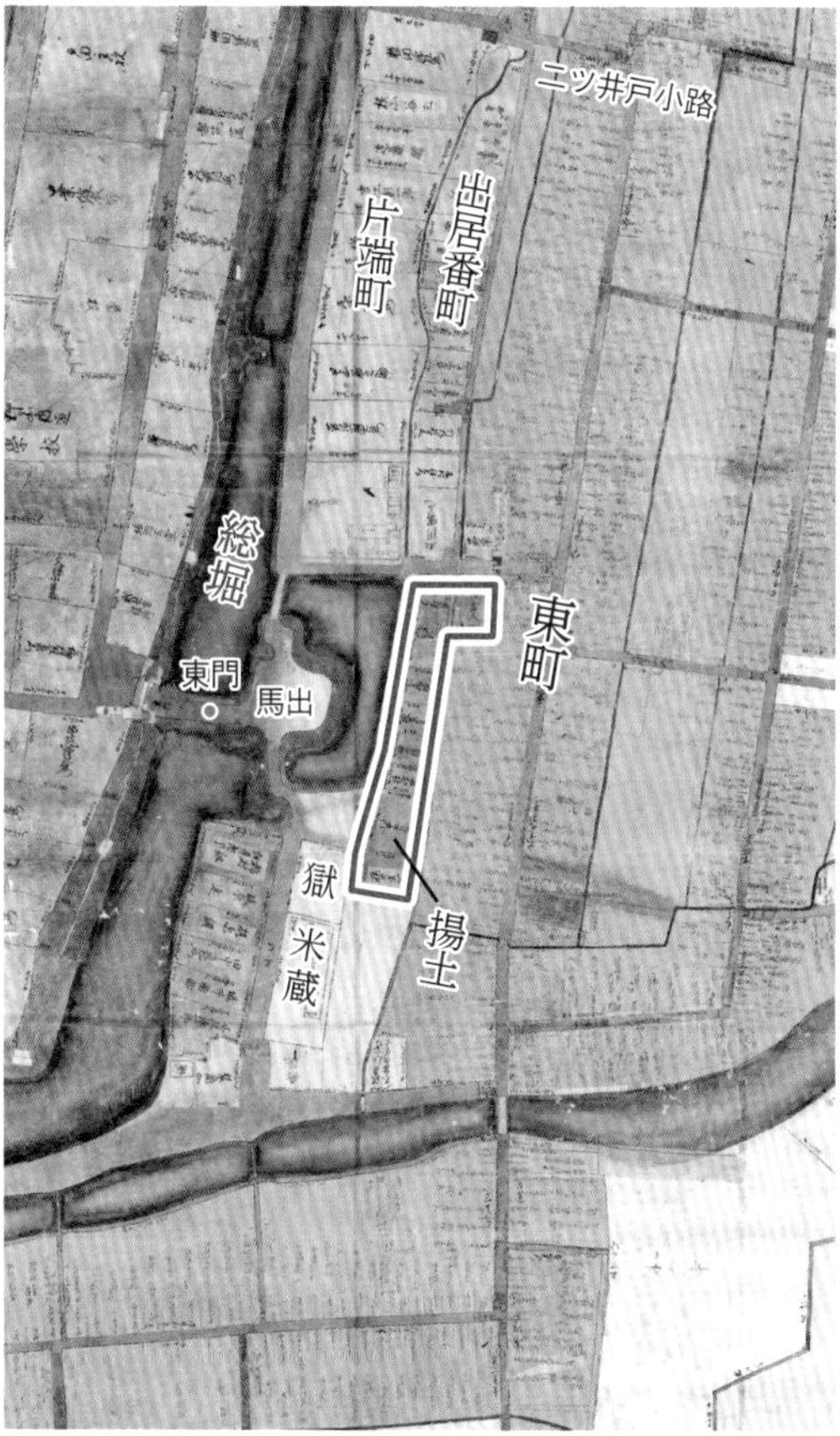

『天保六年松本城下絵図』（部分） 赤線で囲った場所は、堀を掘った際の土を使ってできた「揚土」と呼ばれる町があり、その南西には、「獄」と呼ばれる松本藩の牢屋と、蔵が置かれていた。（長野県立歴史館蔵）

りが武家地と町人地の境目となっていました。現在は、車が1台通れるほどの狭い道ですが、中ほどにある「出居番児童遊園」の脇に、旧町名を記した石柱が立っています。

この通りをさらに南へ進むと、左右に延びる通りとぶつかりますが、この通りの南は、東馬出の堀を掘った土を上げたところなので、「揚土《あげつち》」と呼ばれていました。

通りの南には、罪人を収監する「獄（牢屋）」と「米蔵」が置かれていました。現在は「上土町《あげつちまち》」と呼ばれています。

寺社を配置し城を守る、上下に分かれた「横田町」

歓楽街としてにぎわった「裏町通り」

東町通りの一本東の通り沿いは、「横《よこ》田《た》町《まち》」と呼ばれていました。女鳥羽川の東にあった横田村の住民が、城下町建設に伴いこの地に移住してきたことが町名の由来です。南北の広範囲に至るため、のちに「上横田町」「下横田町」と分けられるようになりました。

下横田町の通りは、「裏町通り」とも呼ばれています。善光寺街道の裏の道にあたることや、宿場町の裏方となる職人たちの住む町だったことが、そう呼ばれていた理由です。養蚕が盛んになった明治期には、歩いている人の肩が触れるほどの歓楽街としてにぎわったという、下横田町を散策します。

松本城下の東の入口「餌差町」

山家小路を東へ進むと、丁字路に出ます。南北に延びる裏町通りを左（北）に曲がりしばらく行くと、右（東）に入る道が見えてきます。その道沿いは、かつて「餌《え》差《さし》町《まち》」と呼ばれ、城下の東端にあたる場所です。松本城の東側は、城側が武家地、東側が町人地となっていましたが、南東の餌差町だけは武家地でした。町名の由来は、藩主の鷹の餌となる小鳥を差し出す役目の「餌差」が住んでいたためです。

道なりに東へ進むと、女鳥羽川に出ます。そこに架

餌差町十王堂　松本城下の十王堂のなかで、唯一「十王の像」が残る。なかでも閻魔《えんま》大王像は大きく像高110センチに及ぶ。

かる「清水橋」の辺りには、藩政期に木戸があり、町番が木戸を守っていたと、旧町名標識には記されています。城下では武士以外の乗馬が禁じられており、乗馬の町民はここで止められたようです。

清水橋の手前の左側（北）に、「餌差町十王堂」があります。松本城下では、東西南北の入口に、それぞれ十王堂を置いて守りとしていましたが、現在は西南北の十王堂は失われ、十王の像が残っているのはここだけです。

来た道を戻ります。餌差町の中ほどまで戻ると、右手（北）には現在、旧城下で唯一の酒造所「善哉酒造」が見えてきます。その手前には「女鳥羽の泉」という湧水があり、善哉酒造では、この湧水を使って、日本酒や甘酒をつくっています。

城主・石川氏ゆかりの「正行寺」

裏町通りまで戻ったら、北に向かいます。しばらく行くと、東町から枝分かれする正行寺小路（123ページ）が左手（西）に見えてきます。正行寺小路の斜め向かいの道へ入ると、「正行寺」があります。

裏町通りは、いくつもの寺院や神社が並ぶ寺町でもありました。下横田、上横田に寺院が密集しているのは偶然ではなく、城下町を守るために配置されたものです。町家より堅

正行寺　数正の子の康長の命日である12月11日には「念持仏法要」が毎年行われる。

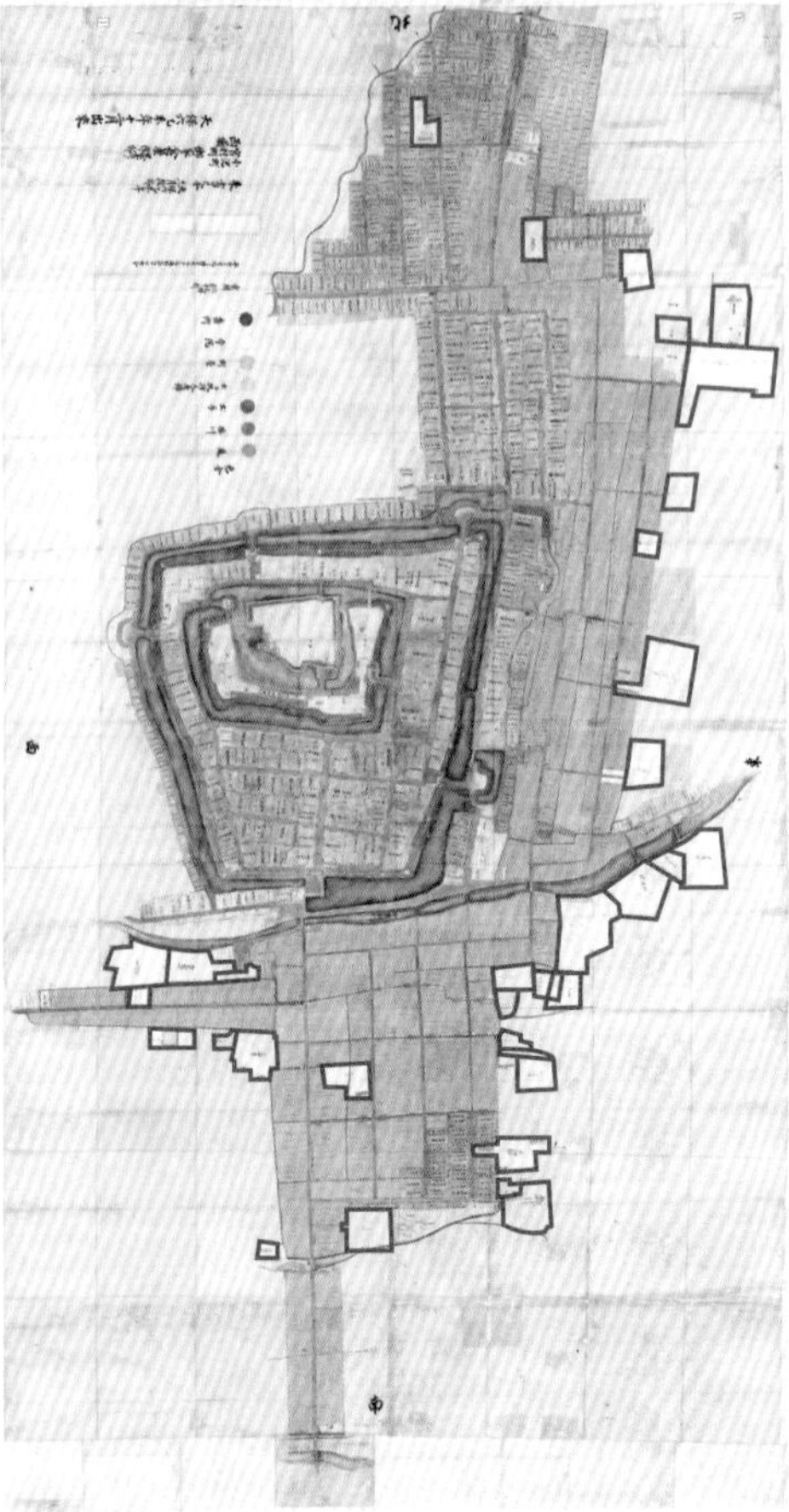

『天保六年松本城下絵図』　絵図内の白で描かれた部分（赤線囲み）が寺院。城下町の端に配置されているが、東側にとくに集まっていることがわかる。（長野県立歴史館蔵）

固につくられた寺院を城下町のはずれに寺町として配置し、有事の際はそこで敵兵を迎え撃つ防御拠点とする狙いがありました。絵図を見ると、城下の東側にはより多くの寺院が配置され、防衛線がつくられていたことがわかります。

松本市内には正行寺が2か所ありますが城下にある正行寺は、石川数正、康長の時代に建てられた、石川氏の菩提寺です。松本城主となった石川数正が、島立の栗林にあった寺を大手門西口へ移転させたのが始まりです。

本堂の裏手には、戸田氏5代城主の戸田光悌《みつよし》の生母の墓もあります。代々の住職は佐々木氏が務め、明治時代の佐々木了綱《りょうこう》は、廃仏毀釈に激しく抵抗し、寺を守った人物として知られています。

「鯛萬の井戸」と「恵光院」

裏町通りまで戻り、再び北へと歩みを進めると、飲食店の建物の間に人が通れるくらいの「鯛萬小路《たいまんこうじ》」という道があります。一見すると裏手のようで見落としがちですが、かつての歓楽街の名残で、居酒屋や洋菓子店など、小さな店が並んでいます。

この小路を抜けていくと、湧水を湛える小さな東《あずま》屋《や》が見えます。かつて鯛萬という料亭があった場所に建つこの井戸は「鯛萬の井戸」と呼ばれ、現在は小公園として地域の人たちの憩いの場となっています。

細い小路を北に抜け、突き当たった東西に延びる道を左折（西）して裏町通りまで出ます。十字路の北側の小路は東町から延びる塩屋小路（123ページ）です。十字路を右折（北）したすぐ右手（東）には「恵《え》光院《こういん》」の山門が見えてきます。

鯛萬小路の入口

鯛萬の井戸

木曽義仲をまつる「長称寺」

裏町通りをさらに北に進むと、葭町《よしちょう》の交差点に出ます。この左（西）の小路は東町から延びる作左衛門小路（124ページ）です。ここから北は「上横田町」に入ります。

葭町交差点を北に進み、しばらくすると右手（東）に「林昌寺《りんしょうじ》」が見えてきます。戸田氏の松平丹波守康長（戸田康長）が松本藩に入った際、この寺に帰依して現在の名に改称したと伝えられます。境内の一角には「林昌稲荷」もまつられています。

恵光院

林昌寺

再び裏町通りを北へ進みます。しばらくすると右手（東）に上横田町の旧町名が刻まれた石柱と「長称《ちょうしょう》寺《じ》」への参道が見えてきます。この向かいの小路は東町から延びる「長称寺小路」で、長称寺が小路の名の由来となっています。

　長称寺小路は、上横田町の西側にあった東町の枝町の1つである「和泉町《いずみまち》」の小路です。町名は、かつてこの地を治めていた、小笠原氏家臣の倉科和泉が、この地に住んでいたことに由来します。

　長称寺は、寛永2年（1625）に松平丹波守康長が寺を和泉町に移し帰依しました。その後、水野忠職《ただもと》によって万治3年（1660）に、現在の場所に創建されました。寺内には戸田氏4代城主となった、光和《みつまさ》の生母の墓があります。

長称寺　春になると入口付近に植えられた大きなしだれ桜が見頃を迎える。

城の鬼門を守る3つの神社仏閣

　来た道を戻り裏町通りを北へ進むと、「観音小路《かんのんこうじ》」に出ます。小路に出てすぐの北西側には、案内板が立てられた水路があります。これは「紙漉《かみすき》川」という小川で、北東の「岡宮神社」の池を水源とし、東町と平行に南下して女鳥羽川に注いでいます。東町と東隣の横田町の家々の裏を流れる生活用水として利用されていました。

　紙漉川の名は、大量の水が必要となる紙漉き屋が、観音小路にあったことからつきました。東町、和泉町の善光寺街道から小路に入って次の通りまでの間を注意して見てみると、各所に小さな水路

紙漉川

があり、水路が東町と平行に走っていることがわかります。

観音小路を東に進みます。次の十字路を越え、まっすぐ進むと右手（南）に「大安楽寺」が現れます。大安楽寺の観音堂に向かう参道だったことが、この観音小路の名の由来です。

創建は延長2年（９２４）と古く、最初は御徒士町《おかちまち》にありました。その後、松本城が建てられる際、松本城の鬼門の方角となる北東に置かれ、慶長20年／元和元年（１６１５）にこの地に安置されたといいます。昔は「安楽寺」という名でしたが、廃仏毀釈で一度廃され、大正期に再建されたとき、大安楽寺に改称されました。

来た道を戻り、十字路を右（北）に曲がると、「岡宮神社」の鳥居が見えてきます。現在の本殿は寛文3年（１６６３）に、水野忠職によって寄進されました。また、元禄13年（１７００）に、水野忠直が寄進したという神輿《みこし》が、市の重要文化財に指定されています。

岡宮神社の鳥居前の道を西へ進むと、国道１４３号線に出ます。右折（北）してまっすぐ進むと、右手（東）に「宝栄寺」への参道が見えてきます。

寛永19年（１６４２）に水野氏の入城とともに御堂《どう》町《まち》へ移され、その後の戸田松平氏が現在の場所に移して保護してきました。松本市では、廃仏毀釈をまぬがれた数少ない寺院です。松本城の鬼門は、これらの神社仏閣の加護により、守られていたのです。

大安楽寺　悪霊が入る鬼門を封じるため、山門には馬頭観音がまつられている。

岡宮神社　諏訪大社の流れをくむ神社で、武神である建御名方命をまつっている。

宝栄寺

城下 7

武士と町人の暮らしが隣り合う「安原町」

敵を惑わせる出口のない「袋町」

　国道143号線と観音小路が交わる交差点を西に進み、最初の十字路を左（南）に曲がります。しばらく進むと、ジグザグと急角度に曲がる道に出ます。鉤のようにほぼ直角に折れ曲がった道を「鉤《かぎ》の手」といいます。「袋町《ふくろまち》」と呼ばれたこの一帯は、南が入口で、北が行き止まりという袋小路でした。敵を袋小路に追い込んで混乱させ、鉤の手があることで、敵が前方を見渡せず、攻めにくくなる工夫が施されていました。

鉤の手　松本の城下町に残る鉤の手はここだけ。

　来た道を戻り、十字路を北に進むと、すぐ右手（東）に共立女子大学の設立者である「鳩山春子《はとやまはるこ》生誕地跡」があります。中級藩士の五女として生まれた春子は、のちに衆議院議員となる鳩山和夫と結婚し、長男の一郎は総理大臣になっています。女子教育に熱心に取り組んだ教育者でした。

鳩山春子生誕地跡

摂取院住職ゆかりの地蔵尊

　さらに北へ進むと、東西に延びる道に突き当たりますが、この道はかつての善光寺街道で、街道沿いに安《やす》原町《はらまち》がありました。しかし、安原町の周囲は武家地で、足軽や同心などの中級、下級武士の屋敷が並んでいました。町名の由来はもともとの地名「安佐端野原《あさばのはら》」の最初と最後の文字を取ったものです。

東に進むと、北に向かう「常法《じょうほう》寺《じ》小路《こうじ》」があります。現在は残っていませんが、小路の先に常法寺という寺院があったことから名づけられました。常法寺小路を進み、左折（西）し、さらに右（北）に入ると、「世《よ》育《そだて》稲荷《いなり》社」があります。その奥には墓地が広がっていますが、かつて「摂取院《せっしゅいん》」という寺院がありました。

常法寺小路

明治の廃仏毀釈で取り壊された摂取院の跡に、世育稲荷社が建てられました。

この稲荷社で目を引くのは、真っ赤に染まった子《こ》育《そだて》地蔵《じぞう》です。江戸時代中頃、「信濃の良寛さん」と慕われた、摂取院の住職への浄財でつくられた地蔵尊で、子どもを守るといわれています。

摂取院跡の墓地の裏側には、社会運動家だった「木《きの》

摂取院跡地に建つ世育稲荷社

木下尚江出生の地

下《した》尚江《なおえ》出生の地」の案内板が立っています。松本藩の下級武士の子として生まれた尚江は、開智学校・旧制松本中学を卒業、東京専門学校（現在の早稲田大学）で学び、新聞記者、弁護士、作家となり、足尾銅山鉱毒問題や普通選挙の推進に取り組みました。社会主義者として弾圧を受けましたが、現在は郷土の偉人として讃えられています。現在は「松本市歴史の里」に生家が移築され、「木下尚江記念館」となっています。

松本城下の北端「天白神社」

摂取院跡の裏道を北へ進み左（西）へ進むと、左手（南）には「安原十王堂跡」があります。安原十王堂は、松本城下の東西南北に設けられた十王堂の1つで、本来はここが城下の最北でしたが、その後街道に沿って萩町ができ、城下町が拡大していったため、最北とはいえなくなりました。こちらも明治の廃仏毀釈で破却され、現在は案内板が残されるのみです。

通りを挟んだ北東側にある「天白《てんぱく》神社」は、大安楽寺（131ページ）や岡宮神社（131ページ）と同じく、松本城の鬼門封じのための社です。石川数正が信仰していた天白道場を開き、鎮守神として八幡稲荷を勧請したともいわれます。石川氏改易後は荒廃しましたが、戸田氏の頃に岡宮神社の宮司が再興を願い出て、近隣の武士の氏神として信仰されました。

天白神社

安原十王堂跡

澤柳政太郎生誕地跡

橋倉家住宅

天白神社の鳥居の東側には、「澤柳《さわやなぎ》政《まさ》太郎《たろう》生誕地跡」があります。政太郎は文部官僚として、教育制度の確立に中心的役割を果たしました。

「橋倉家住宅」と縦の町割り

天白神社の前の道を東に進み、２つ目の十字路を左折（北）してしばらく進むと右手（東）に「橋倉《はしくら》家《け》住宅」があります。当時の武士の暮らし向きを知るための重要な遺構として、長野県の県宝に指定されています。江戸時代、武士の屋敷は藩から供与されており、下級武士の足軽といえども、一戸建てに住めました。

この周辺は城外武家屋敷が３つの横丁に分けられて並んでおり、天白神社から北に向かう通りは「天白丁」、その東が「中ノ丁」、さらにその東が「東ノ丁」です。どちらの横丁にも、30軒ほどの家が建てられていたようです。

橋倉家住宅前の道を北に進み、丁字路を左（西）に曲がり、萩町《はぎまち》交差点まで出ます。その北西には「一里《いちり》塚《づか》跡」、南西には「木戸番所跡」（案内板は一里塚跡、木戸番所跡ともに南西）があります。松本城下の北端であるこの地に番所が置かれ、善光寺街道を往来する人や物資の検査を行っていました。

初代松本市長「小里頼永邸跡」

萩町交差点を南下し、2つ目の十字路を右（西）に曲がります。丁字路と十字路を越えた右手（北）に見えてくるのが「妙光寺《みょうこうじ》跡」です。

妙光寺は戸田家の菩提寺で、享保11年（1726）に、志摩国の鳥羽から移ってきました。明治の廃仏毀釈で廃され、唯一残ったお堂も火事で焼けたため、現在は墓地となっています。

妙光寺跡から西へ進み、丁字路を左折（南）します。しばらく進むと右手（西）に小さな公園が見えてきます。その公園内に立つのが「福島安正《やすまさ》大将誕生地」の記念碑です。

福島安正は英学を修め、その語学力を買われて陸軍の要職を歴任しました。明治25年（1892）、ポーランドから東シベリアまでの約1万8000キロを1年4か月かけて横断し、実地調査を行いました。この旅は、一般に「シベリア単騎横断」と呼ばれています。その後も欧州やインドなどを実地調査し、その功績から勲三等を受勲しました。

公園を過ぎて南へ下り、突き当たった道を左（東）へ進みます。1つ目の丁字路をを右（南）に入り、しばらく進むと、左手（東）に「小里頼永《おりよりなが》邸跡」があります。

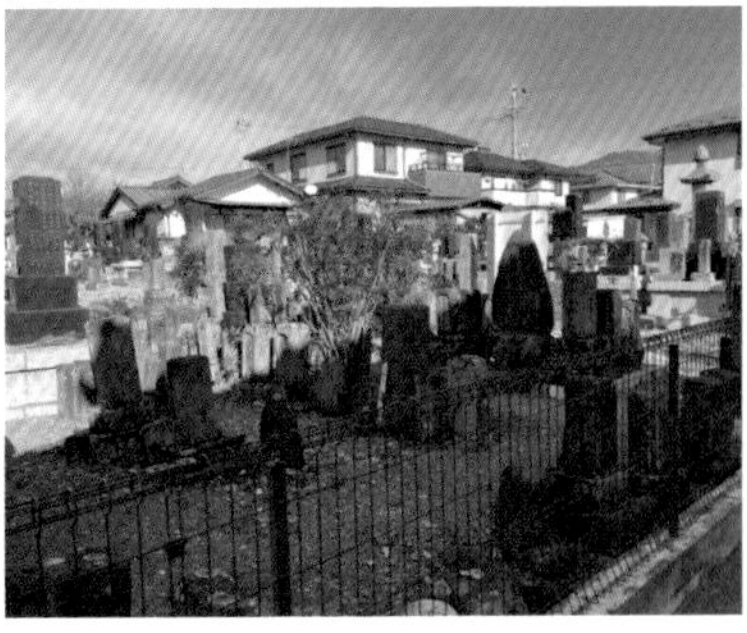
妙光寺跡

福島安正大将誕生地の記念碑

小里頼永邸跡

明治35年（1902）に松本町長となり、明治40年（1907）の市制施行に伴い引き続き市長を務め、昭和12年（1937）に退任するまで30年の長きにわたり市長を務めました。そして、篠ノ井線の建設、歩兵第50連隊の誘致、旧制松本高校や日本銀行松本支店の誘致に尽力し、近代松本の町の礎を固めた人物です。また、昭和4年（1929）には松本城二の丸・三の丸が史跡に、昭和11年（1936）には、天守、渡櫓を含む5棟が国宝に指定されます。これも、小里市長在任中に実現しました。

武士の暮らしを知る「高橋家住宅」

来た道を戻り、丁字路を左折（西）します。かつて、この道の右側（北）は「旗町《はたまち》」、左側（南）は「御徒士町《おかちまち》」と呼ばれていました。御徒士町は、その名のとおり徒士《かち》の屋敷が軒を連ねていました。当時の武家屋敷跡として「高橋家住宅」が保存されています。戸田家の家臣であった高橋家が住んでいた屋敷です。橋倉家住宅と同様に、松本市内に残る数少ない武家住宅の1つで、武士の暮らしを伝える博物館として、平成21年（2009）から松本市立博物館の分館として無料公開されています。

高橋家住宅から西に進むと、右手（北）に「賢忠寺《けんちゅうじ》跡」があります。水野忠清が入城するときに、前任地から一緒に移してきた長源寺を改名した臨済宗の寺院でした。明治の廃仏毀釈で取り壊され、現在は澤村墓地となっています。

賢忠寺跡

高橋家住宅　昭和44年（1969）、市の重要文化財に指定された。

源智の井戸

川や水路、湧水が豊富な松本城下を散策していると、あちらこちらから水音が聞こえてくる。松本城はこの豊かな水を、生活用水として活用してきた。歴代の松本城主も保護してきた水質は、今も守り続けられている。

暮らしと産業を育んだ「まつもと城下町湧水群」

山々の伏流水を蓄えた扇状地に位置する松本城

松本城下町には、数多くの井戸や水路があります。なかには飲料として使われる井戸もあり、その水質は「平成の名水百選」に選ばれたほどです。近年は「まつもと城下町湧水群」と称され、災害時の飲料水として利用できるように町ぐるみで保全に努めています。

松本城下がこれほど名水に恵まれている理由は、松本平の東部を流れる女鳥羽川や薄川などがつくり出した扇状地の地下に、美ケ原などの山々の伏流水が豊富に蓄えられ、地上に湧き出しているからです。この湧水は、水量も豊富ながら水質も清浄であり、四季を通じて水温の変化も少なく、古来、飲用水に利用されてきました。

松本城はこれらの豊富な水を、広大な面積を有する水堀の水源として利用しています。さらに女鳥羽川、薄川、田川、大門沢川は松本城を取り囲み、自然の堀の役目を果たしています。豊富な水を蓄えた地形は、近世城郭としての松本城築城に大きな影響を与えてき

まつもと水巡りマップ　JR「松本」駅や松本城近くの観光案内所などで無料配布している。「水」をテーマに歩きながら歴史や町並みを楽しめるコースを紹介。

ました。

さらに城下は町割りに沿って蛇《へび》川、榛《はん》の木《き》川、長沢川、紙漉《かみすき》川と呼ばれる水路が流れ、防火用水、町の境目としての役割を担い、庶民の生活用水として活用されました。1700年代の前半頃、湧水地帯から木樋《もくひ》を埋管した上水道が整備されていたこともわかりました。江戸城下にもひけをとらない設備だったことが発掘調査により明らかになっています。

酒造に染織、製紙と、水を生かした産業が発達

「まつもと城下町湧水群」のなかで、信濃国随一の名水と詠われたのが「源智《げんち》の井戸」（118ページ）です。松本城下町が形成される前から現在まで、飲料水として利用されています。

天正年間（1573～92）に小笠原貞慶の家臣だった河辺《かわべ》縫殿助《ぬいどのすけ》源智《げんち》の名をとって、源智の井戸と呼ばれるようになりました。

歴代の藩主は、制札を出してこの井戸の保護に努めてきました。嘉永2年（1849）に刊行された『善光寺道名所図会』には、町の酒造業者のほとんどがこの水を使っていたと記されています。

槻井泉《つきいずみ》神社の湧水も歴史が古く、平安時代には近くを官街道が通ったという古くからの水場です。この地域の地名、「清水」にも由来しているといわれています。

松本藩水野家の時代には、この水によって染織や製紙の産業も盛んに営まれていました。こんこんと湧き出る清涼な水は、古くから城下町の人々の暮らしを支え、産業の発展にも一役買ってきたのです。

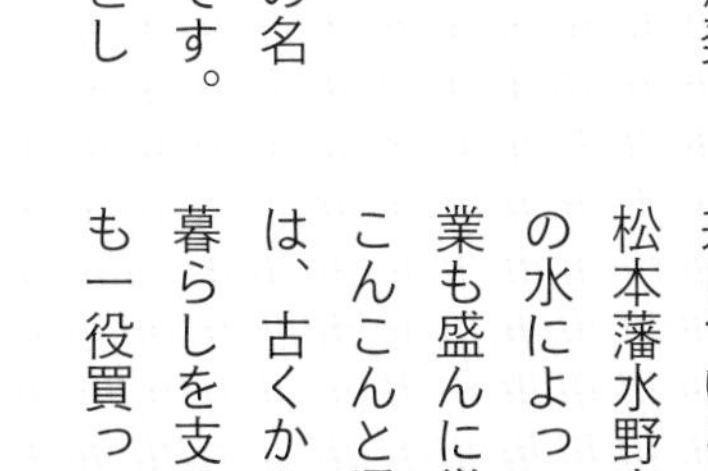

槻井泉神社の湧水　樹齢300年といわれるケヤキは市の特別天然記念物に指定されている。

Part 3 信州松本の文化探訪

プロジェクションマッピングの映像が投影される松本城

信州松本の食文化

塩の道とブリの道

信州は「日本の屋根」と呼ばれるほど高い山脈に囲まれた地域です。長野県のほぼ中央に位置する松本は、盆地とはいえ、その標高は600メートルを超えます。善光寺街道、野麦街道、千国《ちくに》街道が交わる交通の要所であり信州経済の中心として栄えてきました。

近世以降、信州松本の大晦日《おおみそか》に欠かせないのが、「年取り魚」として珍重されてきた**塩ブリ**です。宝暦年間（1751～64）には松本でブリが食べられていたようですが、内陸の人々にとってブリは滅多に口にできないご馳走でした。

江戸時代、松本で消費されるブリは富山湾で水揚げされ、おもに2つの経路で運ばれていました。1つは糸魚《いとい》川の街から姫川を遡って大町をへて松本に達する千国街道です。この経路は松本藩が規定した「塩の道」でもありました。信州へ塩や塩漬けの魚が運ばれてきていた道だったため、そのような名がついたとされています。

松本藩は南から領内へもち込まれる塩の売買を禁じ、北から入るものだけを保護するとともに、口留番所にて課税していました。松本藩にとって千国街道は生命線であったため、街道や宿場も整備され、輸送体系も整っていました。

もう1つは、富山湾で水揚げされたブリが飛騨高山から野麦街道をへて松本へ続く道で、この道で運ばれたブリをとくに「飛騨ブリ」といいます。よって松本

ブリの雑煮　松本では、年取り魚であるブリを年の瀬に神棚に備え、雑煮や塩焼きなどにして各家庭で食べた。

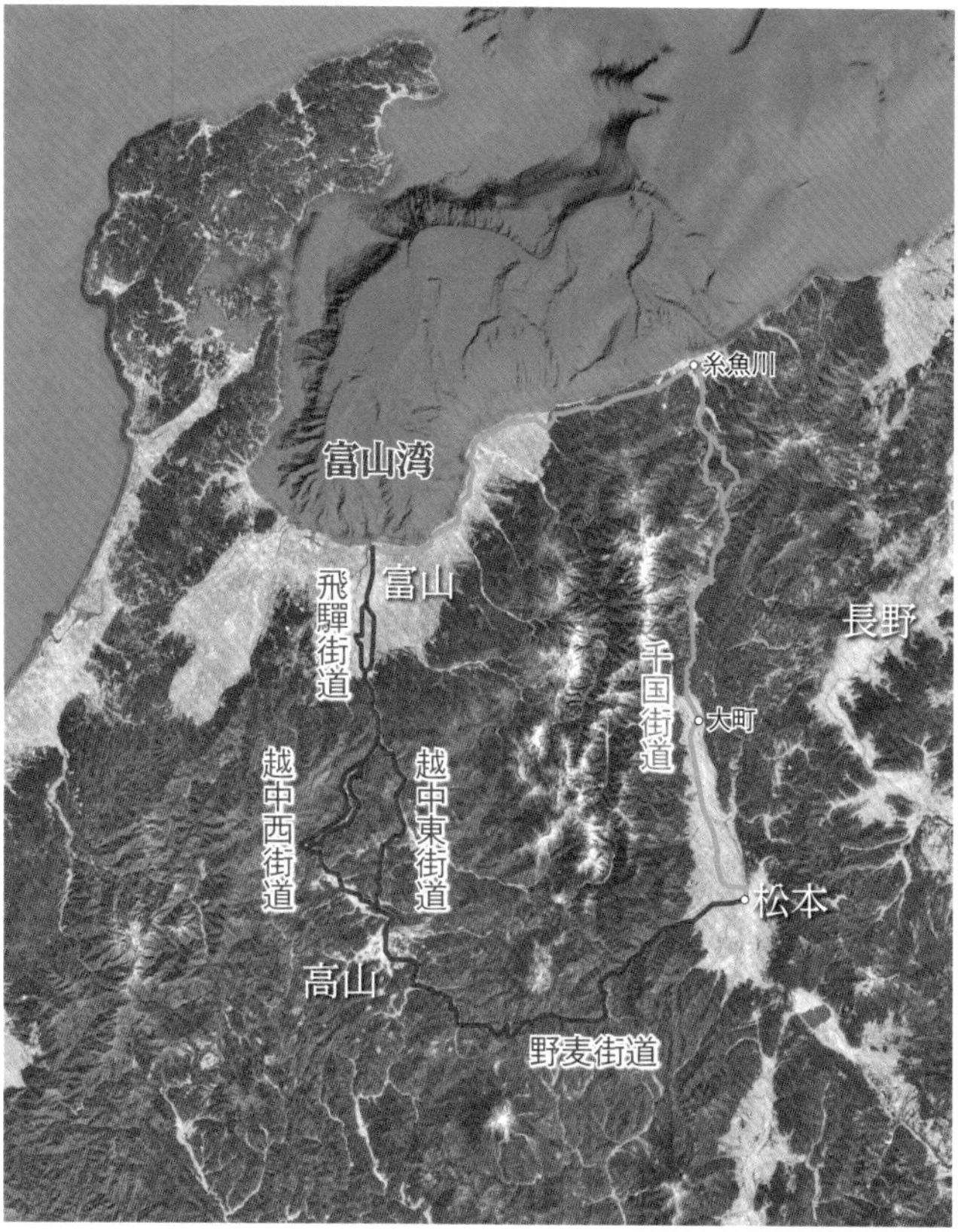

ブリが運ばれてくる経路　富山湾で水揚げされたブリが、松本に運ばれてくるまでの経路。オレンジ色が千国街道から松本まで運ばれる「塩の道」、赤色が飛騨高山から野麦街道をへて松本まで運ぶ「ブリの道」。

にとって野麦街道は「ブリの道」にあたります。

当時、魚類の輸送は距離に応じて塩を加減していましたが、千国街道に運ばれるブリは雪が来ないうちに大町に運んで滞荷させてから松本に運ばれたので、塩気が強かったようです。これに対し、飛騨ブリは雪が降っても歩荷《ぼっか》（人が荷物を担いで運ぶこと）で遅延なく運ぶことができました。そうした理由から、ほどよい塩加減で味がよく珍重されたため、「飛騨ブリ」の名前が残ったのです。

現在においても年取り魚は東日本がサケ、西日本はブリに大別されますが、松本はその分岐点にあたるといわれています。松本より北の地域がサケで、松本より南の地域はブリに分かれる傾向にあります。

香り豊かな信州蕎麦

信州蕎麦《そば》は長野県を代表する郷土食です。信州の山間部はほとんどが火山灰土で覆われているため稲作には向かず、昔から米の代用品として蕎麦の実を栽培していたといいます。日中の寒暖差が激しく朝霧が発生しやすい霧下《きりした》地帯で栽培される蕎麦は、とくに「霧下蕎麦」と呼ばれ、鮮やかな緑色で香り高く粘力があり、最高の風味があると評されてきました。

現在、一般的にイメージされる蕎麦料理は「蕎麦切り」というもので、江戸時代に始まったとされています。宝永3年（1706）に刊行された『本朝《ほんちょう》文選《もんぜん》（風俗文選）』には、松本の南に位置する中山道の本山《もとやま》宿（現在の塩尻市）から蕎麦切りが生まれ、広くもてはやされたという記述があります。松本の山間部でも蕎麦の実が積極的に栽培されており、通常は粉にして団子や蕎麦がきにして食べられていました。松本藩戸田氏に仕えた甲賀系忍者の携帯食にも、蕎麦粉、酒、高麗人参などを使ったものがあったようです。

松本城に月見櫓などを増設したことで有名な松本藩主の松平直政が、寛永15年（1638）、信州松本藩から出雲松江藩へ転封の際に蕎麦職人を連れて行ったといわれ、出雲に蕎麦切りの技術が伝わったという伝承があります。環境省の名水百選に選定されている湧水がこんこんと湧き出る松本城下には、現在も多くの蕎麦店があり、毎年秋には「信州・松本そば祭り」が開催されています。

信州蕎麦

将軍家へ献上された松本一本ネギ

江戸時代にはすでに栽培されていた**松本一本ネギ**は、白い部分が多いためやわらかく、甘みと、その曲がった見た目が特徴です。江戸時代には関東、中京方面に土産《みやげ》として珍重されてきました。

徳川将軍家には正月儀礼としてウサギの羹《あつもの》（ウサギの肉を入れた汁物）が祝膳に上り、初登城の大名・幕臣たちへもウサギの羹が供されていました。その汁物に欠かせなかったのが松本一本ネギだといわれています。

永享12年（1440）の元旦、徳川家康の先祖が信濃国（現在の長野県）に落ちのびてきた際、府中（信府）の小笠原信濃守清宗の三男・林《はやし》藤助《とうすけ》がウサギを捕まえて羹でもてなしたという伝承があります。この羹に松本一本ネギ

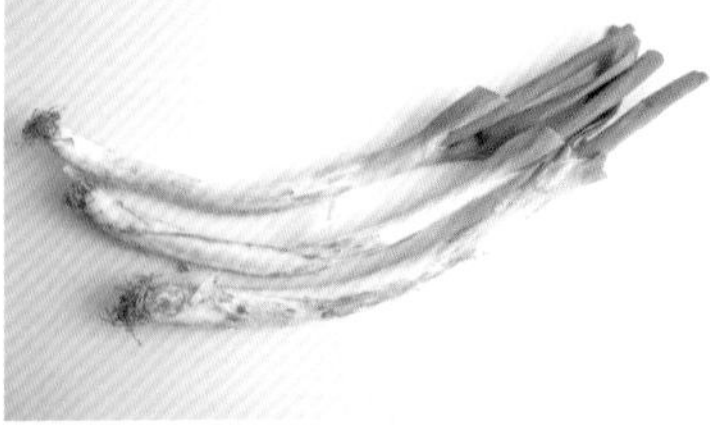
松本一本ネギ

も使用されていたことから、年末になると松本一本ネギが徳川家へ献上されるようになったといわれています。現在は県による「信州の伝統野菜」にも認定され、松本名物の１つ「桜鍋」の食材として利用されるなど、地元で愛されています。

江戸期のにぎわいを伝える松本の飴

かつて信州松本は飴《あめ》の一大産地として知られ、明治時代には松本市内に20軒以上の飴屋が集まっていました。「山屋御飴所」の創業は寛文12年（１６７２）とされ、松本最古の飴屋です。看板商品の板あめは安曇《あづみ》野《の》産のもち米と麦芽を糖化させた米飴、松本の湧き水でつくられています。砂糖の甘さと違う、自然の甘みと穀物由来の風味は米飴ならではの味わいでしょう。

松本城下では現在も毎年１月第１もしくは第２土・日曜に「松本あめ市」が行われています。松本あめ市の起源については諸説ありますが、江戸時代前期から１月11日に市始めの行事があり、その際に市の神様をまつっていた宮村天神（現在の深志神社）の神主が参詣者に塩を振る舞うようになったため、人々はその塩を小正月（１月15日）の粥《かゆ》に入れて無病息災を願ったという伝承から始まったとされています。江戸時代初め頃には「塩市」と呼ばれていたようですが、いつしか塩ではなく飴が売られるようになり、名称を「あめ市」と変え現在に至ります。

江戸時代後期に松本城下で書林（現在の書店）を営んでいた高美甚左衛門《たかみじんざえもん》の日記にも、「あめ市」の記述があります。江戸時代後期のあめ市は、大商業都市へ成長した松本城下町のにぎわいを象徴する祭礼であり、飴はにぎわいを象徴する食文化だったのです。

『善光寺道名所図会　巻之一』　武士も町民も農民も思い思いの装いで「松本初市（松本あめ市）」を楽しんでいる様子が描かれている。左端の店に「書物所　高見屋甚左衛門」とある。（県立長野図書館蔵）

信州松本の芸能・芸術

江戸期信州の流通を支えた中馬

江戸時代は、自動車はもちろん、鉄道もありませんでした。道路整備の遅れから馬車などの車が発達しなかった日本において、大量輸送は舟運《しゅううん》が中心でした。しかし、海岸線がなく川上の激流が多いため舟が使えなかった信州においては、馬に荷物を背負わせて運ぶ**中馬**《ちゅうま》という物資輸送システムが発達しました。

中馬は農閑期の農民が自分の馬を使って荷物を運ぶ副業として発達します。しかし、江戸時代中期まで陸上の物資輸送は街道の宿場におかれた問屋が独占していました。よって、中馬と問屋の間では荷物をめぐる争いが絶えずあったわけですが、宝暦14年／明和元年（1764）に幕府によって中馬が認められ、信濃国の有力な輸送手段となります。このような交通事情から、信濃国では馬の背で運べるだけの材料でも、高度な技術や山国ならではの原材料を活用した高価格の商品や工芸品が発達していくことになりました。

城下町が育てた七夕人形

松本城の城下町に住む下級武士たちは、内職として**押絵雛**《おしえびな》をつくっていました。押絵雛とは、人物の体の

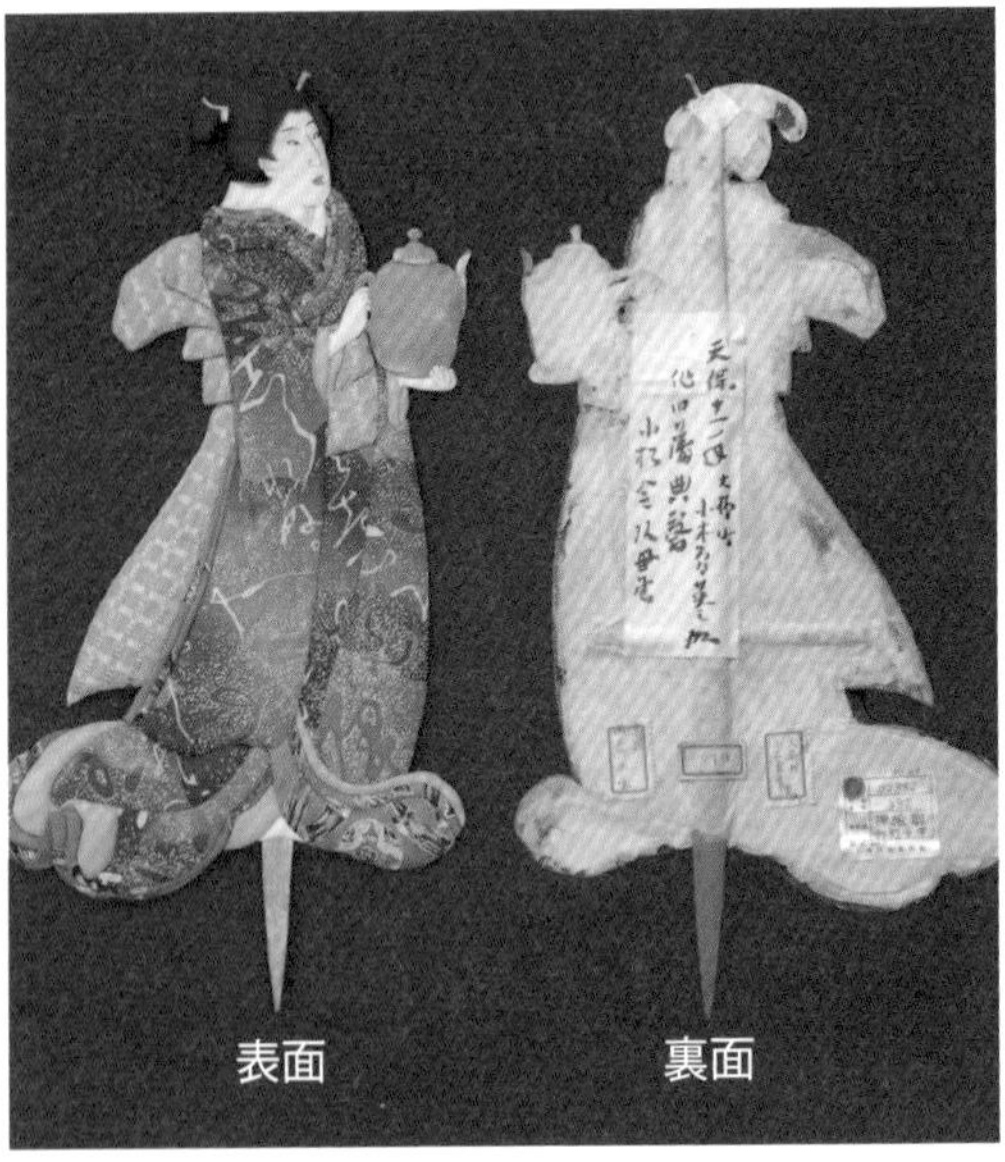

押絵雛　裏面に天保11年（1840）の墨書銘が入った、「御殿女中」という押絵雛。（松本市立博物館蔵）

パーツを厚紙で切り抜き、これを布で包み、中に綿を入れて立体的にしたものを貼り合わせた布細工のことです。幕末から明治にかけて信州各地で押絵雛が売られていました。

当初は遊女を題材としたものが多くありましたが、幕末頃にはひな祭りの内裏雛《だいりびな》が押絵雛でつくられるようになります。そして武家の子女を中心に押絵雛が玩具としてつくられたと考えられています。

松本の七夕人形

松本では、七夕行事が月遅れの8月7日に行われます。紙や板でつくった男女の人形に着物を着せた**七夕人形**を縁側につるし、厄払いや子どもの成長、作物の豊作を祈ります。そして、きなこや小豆で甘く味つけした「七夕ほうとう」と呼ばれる小麦粉でつくった太い麺を食べるのが習わしです。

松本ならではの七夕人形の歴史は、正徳4年（1714）に刊行された天野信景の随筆『塩尻』の記述が最古の資料とされ、天明3年（1783）に信州を訪れた紀行文家・菅江真澄《すがえますみ》の紀行文『伊那《いな》の中路《なかみち》』にも記述が残ることから、江戸時代後期頃には七夕人形があったと考えられています。押絵雛の衰退後、七夕人形の顔描きに転じた押絵雛職人もいたようです。現在の七夕人形の形は、押絵雛の技術と融合して成立したといえます。

浅間・山家の湯と深く関わる文芸

歴代松本城の城主と温泉との関係は深いものでした。詳細な年代はわかりませんが、かなり昔から、**浅間**《あさま》（現在の浅間温泉）と**山家**《やまべ》（現在の美ケ原《うつくしがはら》温泉）には城主が通う御殿のような温泉施設がありました。その後、寛永19年（1642）、水野氏の時代には、浅間と山家に茶屋が設けられ、御殿浴場の拡張工事も行われました。善光寺を目指す旅人が温泉宿へ泊まることが多くなり、文化人の来訪も増えました。

歌人であり紀行文家の菅江真澄が天明3年（1783）に訪れた際の紀行文『わがこころ』や、天明4年（1

784）刊行の紀行文『来目路《くめじ》の橋』に浅間・山家の湯の記述があります。また、『東海道中膝栗毛《とうかいどうちゅうひざくりげ》』の作者である十返舎一九《じっぺんしゃいっく》は、文化11年（1814）から松本に来訪し、松本藩の家臣や近隣の文人と狂歌や川柳などの会で積極的に交流しています。
　この取材の成果は『東海道中膝栗毛』の続編に生かされました。十返舎一九の松本来訪は、松本で書林（現在の書店）を営む高美甚左衛門《たかみじんざえもん》との交友関係があったことがきっかけです。甚左衛門は、江戸時代中期に活躍した版元の蔦屋重三郎《つたやじゅうざぶろう》と懇意な関係にありました。この重三郎の人脈から甚左衛門は当時江戸で一世を風靡《ふうび》していた文人たちと会う機会があり、書林経営に役立つ豊かな経験を得ました。

美ケ原温泉にある「白糸湯の街通り」　島崎藤村が逗留した家などがある文学の小径も近くにある。

家具づくりから民芸の街へ

　木材が豊富で乾燥した気候の松本は家具づくりに適しており、江戸期には帳場箪笥《ちょうばだんす》に代表される**松本箪笥**がつくられていました。帳場箪笥とは、商店の帳場

松本城と城下町を舞台とした小説作品紹介

・大石学
『現代語　抄訳で楽しむ　東海道中膝栗毛と続膝栗毛』（KADOKAWA）
江戸時代のベストセラー、十返舎一九の『東海道中膝栗毛』と『続膝栗毛』を日本近世史学者の大石学が現代語・抄訳したもの。続編では弥次さん喜多さんのコンビが木曽街道から松本を経由して善光寺へ向かう。江戸期の松本の様子も記述されている。

に置く金庫の役割も担う簞笥のこと。小引き出しや引き戸などのデザイン性が豊かな小型の簞笥で、店の威厳や信用にも関わることから立派につくられたものが多く、高額で売買されました。その後、大正末期から昭和初期に最盛期を迎えますが戦争により衰退します。

しかし松本には、民芸運動の指導者・柳宗悦《やなぎむねよし》らと交流のある有能な木工や染織の作家が多く住んでいました。そこで戦後の松本市は、民芸による地場産業の復興を計画します。昭和21年（1946）には日本民芸協会長野県支部が発足し、柳宗悦の薫陶《くんとう》を受けた池田三四郎が、民芸家具として松本家具を復興させるべく、かつての木工職人たちを指導しはじめます。

また柳宗悦の影響を受けた丸山太郎は、昭和37年（1962）に松本民芸館（152ページ）をこの地に開館します。こうした民芸運動の先達が礎を築き、松本の家具づくりは昭和51年（1976）に、当時の通商産業大臣指定の伝統的工芸品「松本家具」として指定されています。こうして今も「民芸の街」松本には、全国からものづくりを志す若者が集まるようになったのです。

・北杜夫
『どくとるマンボウ青春記』（新潮文庫）
舞台は終戦前後の長野県松本市。精神科医の仕事のかたわら文芸雑誌『文芸首都』を拠点に小説を発表し、人気作家となった北杜夫（斎藤宗吉）による自伝的小説。旧制松本高校とその学生寮での青春回顧を中心に、父（斎藤茂吉）が亡くなるところまでが描かれている。

・六冬和生
『松本城、起つ』（早川書房）
信州大学経済学部に通う巾上岳雪《はばうえたけゆき》と、彼の家庭教師先の女子高校生・矢諸千曲《やもろちくま》は、松本城を訪れ、目が覚めると貞享3年（1686）の松本にタイムスリップしていた。そこで巻き起こる貞享騒動の窮状から松本の人々を救うため、2人が奔走するSF小説。

・新津きよみ
『ただいまつもとの事件簿』（光文社文庫）
新たな長野県ご当地小説の舞台を公募で決める「みんなでつくる！NAGANOVEL《ナガノベル》」という企画で、投票結果1位に選ばれた松本城をおもな舞台に、長野のいいところがたくさん詰め込まれたミステリー。中町のなまこ壁の蔵が並ぶ街並みや深志神社など、松本の町の様子が描写されている。

信州松本を知るためのミュージアム案内

松本市立博物館

目玉は日本最大級の松本城下ジオラマ

松本城を中心とする現在の市街地は、明治期の大火や近現代の都市開発によって江戸時代から大きく姿が変わっています。往時の城下町の姿をよりリアルにイメージする手助けとなるのが、**松本市立博物館**で常設展示されている日本最大級の規模を誇る松本城下町の巨大ジオラマです。

令和5年（2023）10月、松本市立博物館は、かつて上級武士の屋敷があった松本城三の丸にリニューアルオープンしました。その目玉として制作されたこのジオラマは、城下町の全容を300分の1に縮尺しています。江戸時代後期の城下絵図をもとに、市民からも広く情報を募って、武家屋敷や松本藩の藩校・崇《そう》教《きょう》館《かん》、町家など、細部までつくりこまれています。ジオラマを見ることによって、現在の街の姿との比較、武士階級や町人たちの交流や生活がイメージしやすくなります。

このほか常設展示室では、松本の人、歴史・文化、祭礼に用いられる品々、松本の周囲の山岳などの知識

高橋家住宅

を、実物資料を交えながら、体験として学べる構成になっています。

松本市立博物館
・松本市大手3－2－21
・JR・松本電鉄「松本」駅より

松本藩士の暮らしをしのぶ貴重な武家住宅

　松本市内に現存する数少ない武家住宅の1つである**高橋家住宅**は、17世紀前半の建築と考えられており、当時の中下級武士の住まいを知るうえで重要な建築です。各部屋には畳が敷かれており、板張りの天井には竿縁《さおぶち》の化粧があり、武家住宅の格式の高さがうかがえます。

　昭和44年（1969）に松本市の重要文化財に指定されたあと、古文書をもとに、幕末から明治時代初期の姿に復元修理を行い、武士の暮らしを伝える博物館として開館しました。高橋家では松本の遅い春の訪れに合わせて、4月3日に雛祭りを行っていたとされます。それにちなみ、毎年4月3日前後には雛人形や押し絵雛の企画展などが催されています。

高橋家住宅

・松本市開智2－9－10

・タウンスニーカー北コースほか「旧開智学校」バス停より

世界最大規模の19世紀浮世絵コレクション

日本浮世絵博物館は、松本出身の和紙などを扱う諸式問屋・酒井家5代200年間にわたり収集された浮世絵を展示する博物館です。なかでも19世紀の浮世絵に関しては日本有数の所蔵数を誇り、肉筆、版本を含めた初期の浮世絵から現在の創作版画に至るまでの作品がそろっています。

日本浮世絵博物館

葛飾北斎の弟子のなかでもとくに評価されていた抱《ほう》亭《てい》五清《ごせい》は、松本の商人たちと交遊し、松本で書林を営んだ高美甚左衛門の日記にも登場する人物です。松本に移り住んだ五清は商人たちの求めに応じた作品を残しており、それらも収蔵されています。

日本浮世絵博物館

・松本市島立2206－1

・松本電鉄「大庭」駅より

職人たちの手仕事に美を見出す

松本の市街地から東へ車でおよそ15分の郊外にある**松本民芸館**は、「ちきりや工芸店」の主人であった丸山太郎によって昭和37年（1962）に創設されました。柳宗悦の民芸運動に共鳴した丸山は、無名の職人たちの手仕事に美しさを見出し、箪笥や水瓶、漆器やみすず細工などの松本の伝統工芸品や日本各地の民芸品を収集し、独力でこの民芸館をつくりました。

松本民芸館

松本民芸館からさらに15分ほど歩くと、江戸時代に松本藩の御殿湯である「山家御殿」が置かれた美ケ原温泉があります。美ケ原温泉となったのは昭和30年代に入ってからで、それまでは「白糸の湯」「山家の湯」と呼ばれていました。

松本民芸館
・松本市里山辺1313−1
・アルピコ交通バス「松本民芸館」バス停より

窪田空穂を通して知る松本

明治末期から昭和期にかけて歌人・国文学者として活躍した窪田空穂《くぼたうつぼ》は、現在の松本市和田出身です。「高山のかこめる空の真中占め五層さやかに深志城立つ」など、松本城を題材にした短歌もあり、城山公園に空穂の歌碑が立てられています。

空穂の生家の向かいに建つのが**窪田空穂記念館**です。館内に展示されている空穂の作品を通して松本を知ることができます。そのほか日本古典文学・短歌に関する資料なども展示されています。

窪田空穂記念館

窪田空穂記念館
・松本市和田1715−1
・アルピコ交通バス「和田町郵便局」バス停より

信州松本の祭礼・行事

新春の祭礼・行事と見どころ

信州松本では小正月の火祭りのことを**三九郎**《さんくろう》と呼びます。県内のほかの地域では「どんど焼き」などと呼ばれている行事です。

三九郎という呼び名の由来は諸説あり、近代城郭としての松本城初代城主・石川数正の長男・康長の幼名にちなんだという説もあります。

三九郎　三九郎に欠かせないのが「松本だるま」。ふさふさした眉とひげがあるのが特徴。

子どもたちが三本の柱で組んだ三九郎に正月飾りなどをつけて燃やし、繭玉《まゆだま》と呼ばれる団子を焼いて食べます。毎年1月上中旬に女鳥羽《めとば》川河原や蚕糸記念公園をはじめとした松本市各地で行われています。

そのほかの祭礼・行事

松本あめ市▼1月第1もしくは第2土・日曜（松本市中心街）、松本のコトヨウカ行事▼2／8（里山辺、両島、今井などの地域）

春の祭礼・行事と見どころ

4月14～16日の夜に行われ、松本に春の訪れを告げる**島内**《しまうち》**の鳥居火**《とりいび》は、鳥居山の頂上付近の西側斜面にある鳥居形などに火を焚く伝統行事です。

戦国時代、この鳥居の南側は小笠原氏の一族が守った犬甘《いぬかい》城がありましたが、応仁の乱（1467～77）の頃、反乱軍が山に火を放ちます。しかし、鳥居が焼け落ちたあと風向きが変わったことで、火は反乱軍に襲いかかり、城側が勝利したという伝説が起源になっています。

そのほかの祭礼・行事

武家住宅でひな祭り▼3月下旬〜4月上旬（高橋家住宅）、工芸の五月▼4月下旬〜5月下旬（松本市内の美術館、ギャラリーなど約40か所）

夏の祭礼・行事と見どころ

深志神社で毎年7月24〜25日に行われる**天神祭**は、松本の夏の風物詩です。深志神社境内に各町内自慢の16台の舞台（山車）が引き込まれて美しさを競います。深志神社の古伝によれば、慶長20年／元和元年（1615）、小笠原忠真《ただざね》が大坂の陣の戦勝帰陣に際し、南深志十三ケ町産子《うぶこ》に命じて舞台をつくらせたと伝えられています。

天神祭　（深志神社提供）

そのほかの祭礼・行事

島立堀米《しまだちほりごめ》の裸祭り▼7月第1土・日曜（津島神社）、七夕祭り▼8月7日（松本市全域）、松本ぼんぼん▼8月の第1土曜（松本市中心街）

秋の祭礼・行事と見どころ

浅間温泉たいまつ祭りは御射《みしゃ》神社の火祭りです。毎年10月第2土曜に行われます。

浅間温泉の春宮に下られた神が収穫後の麦わらでつくった松明《たいまつ》の煙に乗って、三才山《みさやま》山中の秋宮まで送り届けられるといいます。大小さまざまな松明に火をつけて担いで温泉街を練り歩き、火焔太鼓《かえんだいこ》が鳴り響くと温泉街の盛り上がりは最高潮に達します。

そのほかの祭礼・行事

信州・松本そば祭り▼10月スポーツの日を含む3日間（松本城公園）、まつもと市民祭　松本まつり▼11／3（松本市中心街）

索　引

参考文献

『松本市史　上・下巻』松本市、１９３３年
『松本城とその城下町』中島次太郎著、歴史図書社、１９６９年
『日本の街道3　雪の国北陸』児玉幸多監修、木下良編、集英社、１９８１年
『日本の街道4　山なみ遙か歴史の道』児玉幸多監修、林英夫編、集英社、１９８１年
『街道と宿場（信州の文化シリーズ）』信濃毎日新聞社、１９８１年
『聞き書　長野の食事（日本の食生活全集20）』農山漁村文化協会、１９８６年
『人づくり風土記20　長野』加藤秀俊ほか編、農山漁村文化協会、１９８８年
『定本・信州の街道』郷土出版社、１９９１年
『城下町・松本――町と暮らしと人々と』銀河書房、１９９３年
『松本城――武田流縄張術の冴え（「歴史群像」名城シリーズ）』学習研究社、１９９５年
『松本市史　第二巻　歴史編Ⅱ近世』松本市、１９９５年
『松本・中部の城下町（太陽コレクション　城下町古地図散歩3）』平凡社、１９９６年
『信濃の風土と歴史4　近世の信濃』長野県立歴史館、１９９８年
『鰤のきた道――越中・飛騨・信州へと続く街道』市川健夫監修、松本市立博物館編、オフィスエム、２００２年
『よみがえる城下町・松本――息づく町人たちのくらし』郷土出版社、２００４年
『新発田城　松本城（「歴史群像」シリーズ　よみがえる日本の城14）』学習研究社、２００５年
『長野県の歴史散歩（歴史散歩20）』山川出版社、２００６年
『長野県の歴史』古川貞雄・福島正樹・井原今朝男・青木歳幸・小平千文著、山川出版社、２０１０年
『松本城　第2版（隔週刊名城をゆく11）』小学館、２０１５年
『犀川の舟運と街道――交通網の発達』小松芳郎著、川の自然と文化研究所、２０１７年
『城下町のまちづくり講座』松本都市デザイン学習会編著、信濃毎日新聞社、２０１９年
『松本城のすべて――世界遺産登録を目指して』信濃毎日新聞社、２０２２年
『わたしたちの松本城（第20版）』上條宏之監修、松本市教育委員会、２０２２年

インタビュー撮影　大関敦
編集協力・図版作成・撮影　クリエイティブ・スイート、大槻亜衣
執筆協力　植田千絵、菊池昌彦、原遙平、西田めい、
遠藤昭徳・川崎友里恵・松田和香（クリエイティブ・スイート）
装丁　伊藤礼二（T-Borne）

図説《ずせつ》日本《にほん》の城《しろ》と城下町《じょうかまち》⑩
松本城《まつもとじょう》

二〇二四年四月一〇日　第一版第一刷発行

監修者　松本市教育委員会文化財課
城郭整備担当
発行者　矢部敬一
発行所　株式会社　創元社
〈本　社〉〒五四一-〇〇四七
大阪市中央区淡路町四-三-六
電話（〇六）六二三一-九〇一〇㈹
〈東京支店〉〒一〇一-〇〇五一
東京都千代田区神田神保町一-二
田辺ビル
電話（〇三）六八一一-〇六六二㈹
〈ホームページ〉https://www.sogensha.co.jp/
印刷　図書印刷

ISBN978-4-422-20180-1 C0320

シリーズ好評既刊

各巻：定価1650円（本体1500円＋税）

図説　日本の城と城下町①
大阪城
北川央 監修

図説　日本の城と城下町②
姫路城
工藤茂博 監修

図説　日本の城と城下町③
江戸城
西木浩一　小粥祐子 監修

図説　日本の城と城下町④
名古屋城
名古屋城調査研究センター 監修

図説　日本の城と城下町⑤
金沢城
木越隆三 監修

図説　日本の城と城下町⑥
松山城
松山市教育委員会 監修

図説　日本の城と城下町⑦
彦根城
母利美和 監修

図説
日本の城と城下町⑧
松江城
西島太郎 監修

Ａ5判・並製、160ページ、
定価1650円
（本体1500円＋税）

築城の名手である堀尾吉晴がつくった、鉄壁の防御を誇る松江城。近世城郭最盛期を代表する国宝の現存天守と、宍道湖畔の低湿地の悪条件を解消し、防衛と水運の役割を兼ね備えた城下町・松江を探訪するシリーズ第8弾。FROGMAN氏の巻頭インタビュー収載。

図説
日本の城と城下町⑨
熊本城
稲葉継陽 監修

Ａ5判・並製、160ページ、
定価1650円
（本体1500円＋税）

築城の名手である加藤清正がつくり、細川家が支えた鉄壁の城・熊本城。多くの武士が住み、平和な世にあっても戦いへの備えを忘れなかった堅牢な城下町・熊本を探訪するシリーズ第9弾。熊本で生まれ育ったフリーアナウンサー・武田真一氏の巻頭インタビュー収載。